CW01623812

Winter '24

HET OPVOEDABC

MAAKT IEDERE OPVOEDSITUATIE INZICHTELIJK, MAKKELIJKER EN DUS LEUKER

Dear Mr. & Mrs. Parker, we do not even know each other, but we appear to (have been) act(ing) in the same (professional) area :(language) teaching & (kids) psychology. I, of course, know this through your son Sean, a highly appreciated 'phenomenon' in my life, who(se mind's language) I continuously love to learn to understand / read. This Dutch book, my 'baby', therefore seems to me like an, in various ways symbolically, appropriate gift: a very small thank you for having brought (up) this man into the world, and (my) life.

Jeannet

*

Drs. Jeannet Kools

Het OpvoedABC
Maakt iedere opvoedsituatie inzichtelijk, makkelijker en dus leuker

Colofon

Uitgeverij Agiel
Postbus 159
3800 AD Amersfoort

Ontwerp, opmaak en lithografie: De Weijer Design BNO, Baarn
Tekeningen: Simone Koevoets

ISBN 978-90-77834-46-6

Het OpvoedABC

MAAKT IEDERE OPVOEDSITUATIE INZICHTELIJKER, MAKKELIJKER EN DUS LEUKER

Voor opvoeders en opvoedkundigen,
ter voorbereiding op en (her)ondersteuning van
intensieve en eenvoudige opvoedmoeilijkheden

Drs. Jeannet Kools

Inhoud

Voorwoord

Zojuist ben je begonnen met het lezen in een boek, dat een gedegen opvoeding inzichtelijk maakt. Het baseert zich op Het OpvoedABC-model. Dit model gaat uit van drie praktische opvoedelementen. Met de toepassing van elk element voed je iemands basisbehoefte. Samen leiden de opvoedelementen dan ook tot een stevig, krachtig en volwaardig volwassen mens. Hoewel het model volledige opvoeddekking biedt, is het vanzelfsprekend onmogelijk, om volledig verslag te doen van alle praktische mogelijkheden. Het boek is 'slechts' een aanzet tot een zo compleet mogelijke persoonlijk opvoeding. Op basis van Het OpvoedABC geef je hieraan zèlf invulling. Tevens is het een samenvatting van de workshops* voor (toekomstige) opvoedkundigen en masterclasses* voor (toekomstige) opvoeders, die op Het OpvoedABC-model zijn gebaseerd. In het boek zijn hieruit enkele basisopdrachten verwerkt. Deze kùn je maken met behulp van de praktijkbladen in de bijlage, aangegeven met Ⓟ in de kantlijn. Kopieer die alvorens straks verder te lezen. Aan de hand van de opdrachten wordt duidelijk hoe jij opvoedt en waar eventuele aanpassingen effectief kunnen zijn. 'Kunnen zijn', want ondanks de volledigheid van Het OpvoedABC-model blijven het woorden, die je nogmaals zèlf omzet in praktijk. Ieder hoofdstuk wordt afgesloten met een pagina, om persoonlijke aantekeningen vast te leggen. De talrijke illustraties, waaronder tekeningen van Simone Koevoets*, zijn zonodig tekstverhelderend. Ze maken het boek tot een omvangrijker, maar breed toegankelijk geheel. Daardoor wordt niet voorbij gegaan aan het doel, om een kort en overzichtelijk opvoedboek te publiceren. Opvoeding kost aan tijd, geld en ruimte immers al meer dan genoeg.

---

* voor meer informatie check www.HetOpvoedABC.nl

Inleiding

Vroeg of laat heeft iedereen te maken met opvoeding. Ooit bèn je opgevoed. Daardoor alleen al heeft ieder mens ideeën bij opvoeding, vooral over hóe je opvoedt. Wellicht voed je inmiddels zelf op, of heb je het voornemen daartoe. Daarbij ga je, bewust of onbewust uit van de manier waarop je zelf bent opgevoed. Als je bijvoorbeeld vertrouwen hebt in de opvoedstijl van je eigen opvoeders, streef je er wellicht naar, om daar elementen uit over te nemen. Ondanks je mening over opvoeding, blijft het voor iedereen lastig, om precies die opvoedstijl te ontwikkelen, die je voor ogen hebt of had. Vanwege gebrek aan tijd en ruimte verval je al snel in onbedoelde opvoedalternatieven. Voordat je het in de gaten hebt, neem je gedrag aan en creëer je daarmee gedrag bij een kind, dat je juist had willen voorkómen. Na verloop van tijd is het dan meestal moeilijk (maar zeker niet onmogelijk!) om je opvoedstijl aan te passen: door je eigen gedrag, het gedrag van een kind te veranderen. Voor verandering is elk moment en bij voorkeur nu, een geschikt moment, mits je jezelf daar tijd en ruimte voor gunt. Die basis van tijd en ruimte kun je niet anders dan zelf maken. Op het moment zelf is dat vast reuze lastig. Bedenk dan, dat het maken van tijd en ruimte op latere momenten blijvend zal lonen: tijd, rust en ruimte in je opvoed- en leefsituatie verdien je er ruimschoots mee terug.

Het ideale gezin bestaat niet. Het OpvoedABC brengt je op weg...

In mijn opvoedkundige werkzaamheden binnen het onderwijs, psychiatrie en verstandelijk gehandicaptenzorg, kinderopvang en gezinsbegeleiding heb ik bovenstaande persoonlijk van zowel dichtbij als verderaf mogen ervaren. Enerzijds op basis daarvan, anderzijds op basis van mijn zelf genoten opvoeding, heb ik de kern van de eindeloze hoeveelheid, schijnbaar uiteenlopende meningen samengevat in een praktisch model: Het OpvoedABC. Hierin zal iedere opvoeder zijn of haar mening over een gedegen opvoeding kunnen herkennen. Met het model worden de basisbehoeften van een kind met betrekking tot opvoeding teruggebracht tot 3 opvoedelementen, te weten: aandacht (A), beloning (B) en consequentheid (C).

1 Jouw persoonlijke opvoedbasis

Opvoeden is voor niemand altijd even makkelijk. Vreemd genoeg is voor de opvoeding van kinderen geen opleiding of aantoonbare ervaring vereist. Daarentegen worden wel hoogstaande resultaten verwacht door opvoeders zelf en hun wel- en niet-opvoedende medemensen. De natuur heeft ervoor gezorgd, dat de meeste volwassenen de mogelijkheid hebben, om kinderen op de wereld te zetten. Een eenduidige en duidelijke opvoed-handleiding krijgt niemand daar echter automatisch bij. Veel opvoeders gebruiken gelukkig hun gezonde verstand en vertrouwen op hun gevoel. Toch mis je als opvoeder soms, regelmatig of heel vaak iets, een bewuste opvoedbasis. Iets waar je op moeilijkere opvoedmomenten of zwaardere -perioden terug kunt vallen. Een uitkomst biedt dan Het OpvoedABC.

Het feit dat je dit boek nu leest, betekent al dat ook jij je bewuster wilt worden van je opvoeding en bereid bent daarvoor tijd en ruimte te maken. Je kunt je om te beginnen afvragen hóe bewust je eigenlijk al met opvoeding bezig bent, door voor jezelf de volgende zinnen heel eerlijk af te maken. Ga bij elke zin uit van maximaal (!) 5 voorbeelden en schrijf die ook op. Je kunt hiervoor gebruik maken van de praktijkbladen **Ia** en **Ib** op pagina 62 en 63.

P

Zin 1: *'Ik zou het liefst willen, dat mijn kind / een kind...'*

Zin 2: *'Om dat voor elkaar te krijgen zou het belangrijk zijn, dat ik...'*

Kijk eens naar de afgemaakte zin 2 op het zojuist ingevulde praktijkblad. Geef bij elke punt aan of dat je dat ècht **altijd** lukt (+) of dat je dat tot nu toe niet **altijd** (dus soms, regelmatig, vaak of nooit) is gelukt (-).

Als je alleen maar + hebt aangegeven, verloopt je opvoeding vast naar wens. Als dat echter niet het geval is, kan het ook zijn, dat je in het afmaken of beoordelen van zin 2 niet helemaal eerlijk naar jezelf bent geweest. Ben je wèrkelijk **altijd** consequent? Dat is namelijk het opvoedelement, dat volgens Het OpvoedABCmodel als belangrijkste van de drie wordt ingezet. Om daarmee te kunnen werken, is het belangrijk dat je voor jezelf weet wat jíj wilt: van jouw kind, jouw opvoeding en dus van jou zelf.

Van je kind verwacht je bepaald gedrag. Degene die daar de meeste invloed op heeft, ben jij zelf. Jouw gedrag bepaalt voor het belangrijkste deel het gedrag van het kind. Pas als je voor jezelf duidelijk hebt wat je van een kind wilt, kun je dat hem of haar duidelijk maken en overbrengen. Het is daarom van zeer groot belang, dat er regels zijn. Die zijn er voor het kind, om zich eraan te kunnen houden, hoe jong het ook is. Ze zijn er vooral ook voor jou als opvoeder. Ten eerste, om je aan die zelfde regels te houden: je bent een heel belangrijk voorbeeld voor het kind. Ten tweede, om het kind aan de regels te herinneren en het met betrekking daartoe zonodig te corrigeren: je bent de bewaker van jullie regels. Als je samenwerkt met een mede-opvoeder (ouder, collega) is het voor het kind het gunstigst, als iedereen zich aan dezelfde door jou of jullie bepaalde regels houdt. Om regels duidelijk te maken, is het goed om ze op te schrijven. Neem de aangevulde zin 2 er nogmaals bij en bepaal op basis daarvan maximaal 5 (P) regels. Daarvoor kun je gebruik maken van onderstaande zin 3 en bijbehorend praktijkblad (II) op pagina 64.

Zin 3: *'Bij ons thuis / op school / in de dagopvang...'*

Later, in hoofdstuk 7, komen we op deze zinnen terug.

Persoonlijke aantekeningen

2 OpvoedABC, het model

Opvoeding heeft enorm veel aspecten. Iedereen heeft ermee te maken en de meeste mensen weten vele ervan op eigen wijze te verwoorden. Het OpvoedABC is ook zo'n verwoording en het gaat uit van de drie kernelementen: aandacht (A), beloning (B) en consequentheid (C). In de praktijk blijkt een gedegen opvoeding gedekt te zijn, mits opvoeders:

- een kind voldoende positieve aandacht geven
- de focus hebben op belonen in plaats van straffen
- consequent zijn in hun eigen gedrag naar een kind toe

Natuurlijk geef je een kind aandacht, zou je kunnen denken. In de praktijk blijkt hier echter vaak genoeg een gebrek aan te bestaan: gewild en ongewild, bewust of onbewust. Binnen vrijwel elke opvoedsituatie is namelijk sprake van afleiding. Afleiding door andere kinderen, bezigheden, familie, werk, etc. Het komt dan ook vaak voor, dat een kind aandacht vraagt of behoeft, maar die niet of niet direct krijgt. Als dat te vaak voorkomt, kan dat ernstige gevolgen hebben voor de latere liefde-ervaring van een kind en later als volwassene. Hier wordt verder op ingegaan in hoofdstuk 4, dat gaat over aandacht.

In hoofdstuk 5 wordt beschreven wat er gebeurt, als je focus ligt op het belonen in plaats van bestraffen van gedrag. Kinderen zoeken grenzen op en zodra ze die bereiken, volgt een confrontatie: een harde muur, een verbrande hand, een ander kind òf een opvoeder die 'bestraft'. Met 'bestraffen' wordt hier bedoeld, dat een afwijzende reactie wordt gegeven: een signaal dat aangeeft, dat gedrag 'negatief' of 'niet goed' is. Als een kind te veel van deze signalen krijgt, wordt het onzeker over zijn of haar eigen beoordelingsvermogen van (eigen) grenzen. Hierdoor raakt de eigenwaarde in het geding. Door de nadruk meer consequent op beloning van gedrag te leggen, vindt het omgekeerde plaats, namelijk ontwikkeling en versterking van de eigenwaarde.

Het belang van consequentheid komt uitgebreider aan bod in hoofdstuk 6. Het is belangrijk, om je bewust te zijn van wat je van een kind en dus van jouw opvoeding verwacht. Voor jou is veel daarvan wellicht vanzelfsprekend. Een kind heeft wat dat betreft veel en soms langdurig en herhaaldelijk te leren. Het is dan ook belangrijk, om duidelijke regels te bepalen en die vooral (in beginsel) zeer consequent te hanteren. Zo ontstaat een veilige situatie voor een kind op basis van jouw regels, hetgeen vertrouwen geeft.

De vijf regels waartoe je, in hoofdstuk 1 met behulp van de zelf aangevulde zinnen, bent gekomen, komen terug in hoofdstuk 7. Hier komen ook de drie opvoedelementen samen in praktische voorbeeldsituaties en tips. Alle adviezen en tips, ook uit de andere hoofdstukken, staan nog eens alfabetisch gerangschikt in het achtste, laatste hoofdstuk. De combinatie van aandacht, beloning en consequentheid is ambitieus, maar onmisbaar. Het is een sleutel tot iemands persoonlijke ontplooiing. Door middel van hantering van Het OpvoedABC worden zelfstandig en zelfbewust functionerende mensen, met een liefdevolle, waardige en gewaardeerde, vertrouwende en betrouwbare persoonlijkheid gecreëerd.

In onderstaand schema wordt nog eens weergegeven hoe Het OpvoedABC is opgebouwd: wat de belangrijkste opvoedelementen zijn en waartoe dat onder ideale omstandigheden zou leiden. Ook worden enige voorbeelden van concreet gedrag genoemd, die je zelf aan kunt vullen met meer persoonlijke ideeën (zie praktijkblad III op pagina 65).

Het OpvoedABC-model

	A	B	C
Het kind krijgt...	**aandacht**	**beloning**	**consequentheid**
Jij zal daartoe...	aandacht geven	belonen	consequent zijn
In de vorm van...	afspraken maken iets creatiefs doen knuffelen luisteren ... belonend en consequent aandacht geven	complimenteren knuffelen nadruk op 'positief' gedrag verbaal prijzen ... aandachtig en consequent belonen	'nee' - nee 'Ja' -ja opvoeders op 1 lijn voorbeeld zijn ... aandachtig en belonend consequent zijn
Basisbehoefte	**LIEFDE**	**EIGENWAARDE**	**VERTROUWEN**

Samengevat gaat het model in feite uit van de volgende vragen:

A In welke mate en vorm heb ik aandacht voor een kind?

B In hoeverre merk ik 'positief' gedrag van een kind op? In welke mate en vorm reageer ik daar belonend op?

C In welke mate en vorm ben ik consequent in de omgang met het gedrag van een kind?

Persoonlijke aantekeningen

3 Basisbehoeften: ABC > LEV

Het OpvoedABC gaat uit van drie opvoedelementen, die bij iedereen bepaalde gedachten, gevoelens, beelden of andere associaties teweegbrengen. Het is goed, om van die associaties uit te gaan en ze te behouden. In combinatie met de drie elementen kun je je eigen opvoedstijl zonodig aanpassen en/of ontwikkelen. In dit hoofdstuk wordt alvast een beknopte indruk gegeven van de link tussen ABC en de onontbeerlijke basisbehoeften: liefde, eigenwaarde en vertrouwen. Samen vormen zij de basis van een stabiele persoonlijke ontwikkeling.

In feite zijn aandacht (A), beloning (B) en consequentheid (C) concreet gemaakte liefde (L), eigenwaarde (E) en vertrouwen (V), dus ABC = LEV. Liefde, eigenwaarde en vertrouwen zijn alleen veel abstracter en minder makkelijk te omschrijven dan aandacht, beloning en consequentheid. Onderstaand figuur maakt dat inzichtelijk. Met liefde, eigenwaarde en vertrouwen (LEV) heeft iedereen min of meer abstracte associaties. Bij aandacht, beloning en consequentheid (ABC) vorm je sneller een concreet beeld, waarmee je uit de voeten kunt. Als je uitgaat van LEV betekent dat dus nog een extra stap via ABC naar concreet gedrag. ABC maakt het bereiken van de beoogde LEV toegankelijk en dichtbij.

Basisbehoefte		**Opvoedelement**		**Voorbeeld van concreet gedrag**
L	>	**A**	>	een gesprek voeren
E	>	**B**	>	een compliment geven
V	>	**C**	>	‘ja’ zeggen, ja bedoelen en ja doen

Om te beginnen is liefde niet eenvoudig te definiëren. Het merendeel van de gebruikers van dit woord wéét wat het ìs. ‘Liefde’ als begrip, in slechts enige woorden omzetten, blijkt veel lastiger. Het is ergens wel een duidelijk bestaand gevoel: in en voor jezelf, vanuit en naar een ander toe. Een voorwaarde voor liefde is, dat sprake is van contact. Vrijwel hetzelfde geldt voor het opvoedelement aandacht. De twee liggen in elkaar’s verlengde en de één ìs vaak een deel van de ander. Met aandacht geef je uiting aan liefde: door iemand en vooral een kind liefde in de vorm van aandacht te geven, voelt het zich erkend, geliefd.

Zoals later nader zal worden toegelicht, kan aandacht ook een vorm van beloning zijn en is beloning een vorm van aandacht. Onder meer op basis van beloning, die een gevoel van waardering teweegbrengt, bouwt iemand eigenwaarde op. Gezien de opvoedelementen aandacht en beloning elkaar grotendeels overlappen, is het niet erg verrassend, dat ook de bijbehorende basisbehoeften liefde en eigenwaarde nauw zijn verbonden. Een liefdevol mens heeft doorgaans een redelijk idee en gevoel van eigenwaarde. Iemand met een aanzienlijke eigenwaarde kan die onmogelijke hebben ontplooid, zonder dat daar een behoorlijke dosis liefdevolle aandacht aan te pas is gekomen. Eigenwaarde is de waardering, de liefde, die je voor jezelf ervaart, zowel van buiten als van binnen.

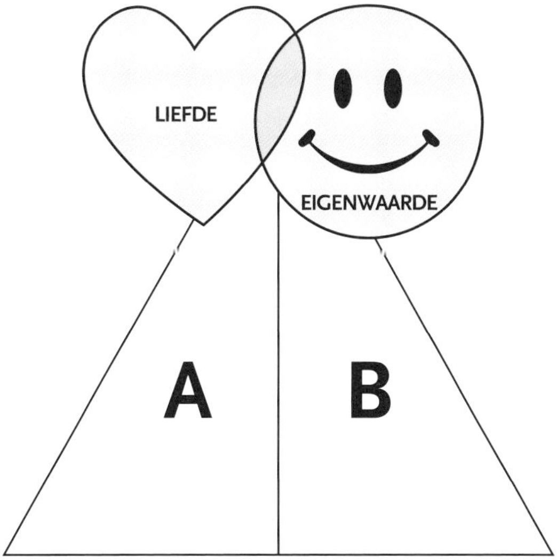

Nauwe verbondenheid tussen aandacht en beloning, liefde en eigenwaarde

De mate van eigenwaarde staat niet los van iemands zelfvertrouwen. Om op jezelf te kunnen vertrouwen is het noodzakelijk, om je eigen waarde te kennen. Als die waarde sterk fluctueert, kan het voelen alsof je niet op jezelf aankunt. Dat geldt ook voor (met name jonge) kinderen, die grotendeels afhankelijk zijn van hun fysieke en sociaal-emotionele omgeving. Wanneer deze niet stabiel is, zal een kind nauwelijks en moeizaam in staat zijn, om algemeen vertrouwen op te bouwen, laat staan in zichzelf. Vertrouwen ontstaat als je weet waar je aan toe bent, als het gedrag van degene die je opvoedt (je belangrijkste voorbeeld!) tot op grote hoogte consequent en voorspelbaar is. Als later de wereld om je heen alsnog onvoorspelbaar wordt, zul je terug moeten kunnen vallen op het vertrouwen in jezelf.

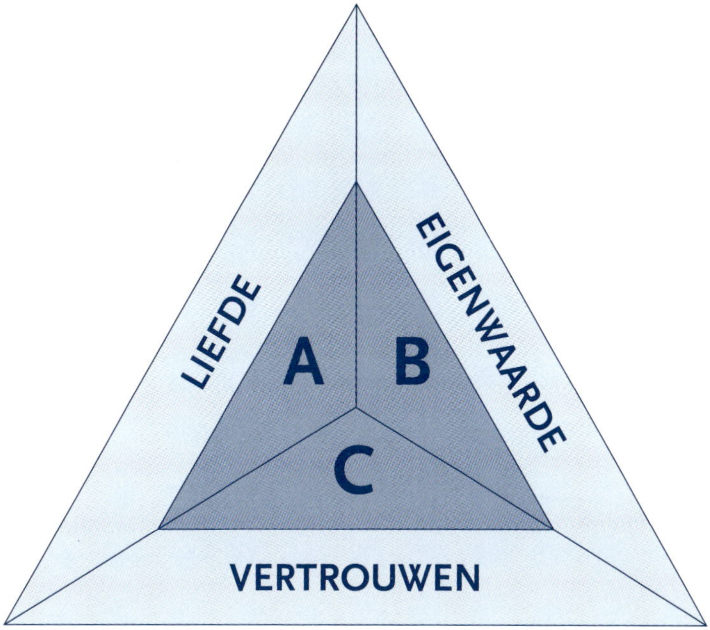

Het OpvoedABC-model

Hiermee is de theoretische kern van Het OpvoedABC in principe al volledig besproken en de cirkel (driehoek!) daarmee rond. De praktijk brengt natuurlijk een onuitputtelijke bron van schijnbaar onmogelijke en mogelijke ervaringen en situaties met zich mee. Met een greep daaruit zal Het OpvoedABC per opvoedelement en basisbehoefte verder theoretisch en praktisch worden uitgewerkt en toegelicht.

Persoonlijke aantekeningen

4 Aandacht

Ieder mens op deze wereld ervaart vroeg of laat aandacht; niemand blijft er zijn of haar hele leven volledig van verstoten. Iedereen heeft daarom een beeld bij dit begrip. Bij de één roept aandacht een beeld van lichamelijke nabijheid op, bij een ander wellicht een goed gesprek. Aandacht kan voor iemand de uitwisseling van kado's betekenen en bij weer een ander roept het begrip misschien op (te) veel van het genoemde juist (te) vaak te hebben gemist. Aandacht is onlosmakelijk verbonden met sociale omgang en contact. Het vindt veelal plaats als reactie op gedrag, maar je kunt met bepaald aandachtig gedrag ook om een sociale reactie vragen. Als mens heb je daarmee te maken, of je dat nu graag wilt of eigenlijk liever niet.

Lichamelijke aandacht

Verbale aandacht

Materiële aandacht

Je krijgt, neemt of trekt aandacht, je vraagt er om en je geeft het. Je krijgt het als je iets doet of iets nalaat te doen en hetzelfde geldt voor kinderen. Dat gebeurt al wanneer je als baby voor het eerst lacht, maar ook wanneer je voor het eerst een stinkende luier hebt geproduceerd. Later is er bijvoorbeeld aandacht voor de prestaties, die je levert op school of werk. Wanneer je met een punkkapsel alleen op straat loopt, krijg je andere aandacht dan op een feest tussen mede-punkers. Thuis krijg je aandacht van je gezin, andere medebewoners of misschien zelfs een huisdier. Het kan dus van allerlei kanten, op allerlei manieren, in allerlei maten komen (en gaan).

Aandacht...

...voor een stinkende luier *...voor schoolprestaties* *...van een huisdier*

In Het OpvoedABC, dat voornamelijk is gericht op opvoeders, wordt uitgegaan van de aandacht, die je voor een kind kunt hebben en het kunt geven. Aangenomen dat een kind niet zichzelf in het leven roept, zijn de direct betrokken volwassen opvoeders in zijn of haar omgeving verantwoordelijk voor een, bij voorkeur zo onvoorwaardelijk mogelijk, liefdevolle omgang met een kind. Volgens Het OpvoedABC ligt daar het opvoedelement aandacht aan ten grondslag. In Het OpvoedABC staat de A van aandacht vooral voor 'positieve' aandacht. In het algemeen wordt die door mensen als prettig ervaren, bijvoorbeeld voor een goede prestatie of mooi uiterlijk aspect. Op zo'n moment heeft iemand anders letterlijk 'oog' voor je. Je wordt gezien, waardoor je, zij het veelal onbewust, voelt dat je er bent, je wordt erkend. Dat geldt ook voor kinderen: jonge en zeker ook oudere. De aandacht van hun opvoeders, meestal de ouders, is de belangrijkste die er is. Aandacht van hen zou onvoorwaardelijk mogen zijn. Daarmee krijgt het kind het gevoel optimaal erkend te zijn en altijd ergens terecht te kunnen, of dat nu nodig zal zijn of niet.

Helaas is het onmogelijk, om een kind volledige aandacht te bieden. De aandacht wordt eigenlijk automatisch verdeeld over meerdere kinderen, een partner of collega, jezelf, werk, opleiding of hobby en sport, vrienden en kennissen en andere zogenaamde verplichtingen.

Verdeelde aandacht

Nogmaals, aangenomen dat een kind niet zelf voor het leven kiest, ben je als opvoeder op de eerste plaats verantwoordelijk voor het welzijn en de ontwikkeling van een kind. Het wordt geboren en is, vooral in de eerste jaren zo goed als volledig overgeleverd aan de mensen om zich heen, de sociale omgang, contacten en dus aandacht. Van de omgeving krijgt het kind de eerste indrukken van aandacht mee: hoe het te verwerven en te geven en hoe fijn, overdonderend of pijnlijk aandacht en het uitblijven daarvan kan zijn. Zo ontwikkelt iedereen bewust of onbewust een persoonlijke kijk op dit eerste opvoedelement.

Je kunt je afvragen welke vorm van aandacht je uit je eigen opvoeding door je ouders of anderen kent of welke je daarin juist hebt gemist. Zo kun je je een voorstelling maken van het belang van aandacht. Door het krijgen ervan, dus het geven van aandacht aan een kind, ervaart hij of zij belangrijk te zijn. Als niemand aandacht voor je zou hebben, zou je je niet geliefd voelen. Als je voor jezelf nagaat hoeveel of –weinig je van welke aandachtsvormen je vroeger kreeg en hoe je aandachtsbehoefte tegenwoordig is, wordt het belang ervan vast gauw meer dan duidelijk. Hoeveel soorten aandacht ook bestaan, grofweg kunnen we onderscheid maken in 'positieve', negerende (bewust negeren is ook aandacht) en 'negatieve' vormen. Als we die combineren met het 'positieve' of 'negatieve' gedrag van een kind, dat aandacht behoeft en/of vraagt, ontstaat het schema op de volgende pagina.

	‘Positieve’ aandacht geven	‘Geen’ aandacht geven	‘Negatieve’ aandacht geven
‘Positief’ gedrag van kind	Erkenning & bemoediging	*	*
‘Negatief’ gedrag van kind	*	*	*

* Combinaties van gedrag en aandacht, die in hoofdstuk 5 over beloning zullen worden behandeld

In een situatie, waarin op ‘positief’ gedrag wordt gereageerd met ‘positieve’ aandacht, vindt het volgende plaats: een kind voegt zich met zijn of haar gedrag naar de door de opvoeder gestelde regels: het gedrag valt binnen bepaalde grenzen. De opvoeder merkt dit op en reageert met ‘positieve’ aandacht. Dat kan op verschillende manieren, waarvan enkele al werden genoemd en je zelf aan hebt kunnen vullen in het schema van hoofdstuk 2 (praktijkblad III op pagina 65).

‘Positieve’ aandacht voor ‘positief’ gedrag:

- Ten eerste zal het kind zich door deze ‘positieve’ reactie op het ‘positieve’ gedrag erkend voelen.
- Ten tweede heeft de ‘positieve’ aandacht een versterkende uitwerking op de basisbehoefte liefde.
- Ten derde groeit de eigenwaarde van het kind, doordat de ‘positieve’ aandacht tevens belonend werkt.
- Ten vierde zal het kind zich, door de belonende uitwerking van de ‘positieve’ aandacht bemoedigd voelen tot vergelijkbaar gedrag in een volgende situatie.

Voldoende aandacht voor ‘positief’ gedrag blijkt in ieder geval te resulteren in erkenning, liefde en eigenwaarde. Levert een overvloed aan die aandacht dan een superliefdevol mens met een buitensporige eigenwaarde op? Met andere woorden: kan een mens te veel liefde en/of eigenwaarde ervaren? Zo’n mens heb ik persoonlijk helaas nog nooit mogen treffen. Je zou zo iemand wel kunnen verwarren met een persoon, die arrogant of verwend gedrag vertoont. Achter arrogantie heb ik tot op heden echter slechts onzekerheid, dus juist een tekort aan eigenwaarde en/of vertrouwen, kunnen ontdekken. Verwende kinderen worden enerzijds gecreëerd door op zowel ‘negatief’ als ‘positief’ gedrag met zogenaamde ‘positieve’ aandacht te reageren. ‘Zogenaamd’, want zo ‘positief’ is die aandacht natuurlijk niet. Welk wereldbeeld krijgt een kind als het zich ongepast of grensoverschrijdend gedraagt en daarvoor als het ware wordt beloond...? Een kind kan hierdoor veelvuldig in conflict raken met leeftijdgenoten en andere mensen om hem of haar heen. Bij zogenaamd ‘verwende’ kinderen is het anderzijds vaak zo, dat deze kinderen zeer inconsequent of te weinig gecorrigeerd worden wanneer ze 'negatief' gedrag vertonen. Ze leren, doordat ze vrijwel nooit 'nee' horen, geen redelijke grenzen kennen. Op den duur zal aangeleerde grenzenloosheid uitmonden in veelvuldig grensoverschrijdend gedrag. Bij verwende kinderen is helaas eerder sprake van een tekort aan aandacht dan van een overvloed.

Altijd alles maar mogen is geen 'positieve' aandacht of verwennerij, maar aandachttekort!

Gevolgen van te weinig of oneerlijk verdeelde aandacht zijn zeer uiteenlopend. Ieder kind zal daar op zijn of haar, meestal onbewuste eigen wijze op reageren. Enkele concrete voorbeelden zijn:

- teruggetrokken gedrag, als het zich niet voldoende belangrijk voelt
- pesten, in de bewuste of onbewuste hoop op aandacht van opvoeders, want 'negatieve' aandacht is ook aandacht!
- agressiviteit
- ontwikkeling van lichamelijke klachten van veelal psychosomatische aard
- brutaalheid
- overdreven sociaal wenselijk gedrag
- etc.

Aandacht is in de dagelijkse opvoedpraktijk dus helaas niet altijd 'positieve' aandacht, zelfs als een opvoeder daarmee de beste bedoelingen heeft. Het is daarom van belang, je bewust te zijn van de verschillende soorten aandacht en de mogelijke effecten daarvan.

Tot slot een noot bij het ontstaan en persisteren van zogenaamd verwend en ander 'negatief' gedrag. Ook hier blíjft 'positieve' aandacht belangrijk. De moeilijkheid in zulke omstandigheden is echter altijd, dat het 'negatieve' gedrag overheerst. Zóek daarom desnoods naar het kleinste, nauwelijks voorkomende gedrag, dat wèl 'goed' gaat. Benadruk hoe knap en goed je dat vindt, want dat ìs het tenslotte ook. Zo krijgt een kind ook weer oog voor zijn of haar eigen 'positieve' gedrag en het effect daarvan. Het wordt tevens aangezet tot meer gedrag, dat 'positieve' gevolgen heeft. Het overheersende 'negatieve' gedrag 'behandel' je met negeren en desnoods en korte, duidelijke gedragsafwijzende boodschappen. Deze en de overige combinaties van gedrag en aandachtsvormen uit het schema op pagina 22 zullen worden besproken in het volgende hoofdstuk over beloning.

Persoonlijke aantekeningen

5 Beloning

Beloning is de 'positieve' waardering van gedrag. Wanneer iemands gedrag 'positief' wordt gewaardeerd, zal hij of zij geneigd zijn, om ook het gewaardeerde gedrag als 'positief' en voor herhaling vatbaar te beschouwen.

Beloning heeft dus een aantal eigenschappen:

- Het is een reactie op iemands gedrag.
- De reactie heeft een 'positieve' waarde.
- De 'positieve' waarde geeft iemand de indruk, dat het gedrag 'goed' en dus gewenst en voor herhaling vatbaar is.

Zo kunnen leerprestaties op school worden beloond met een rode krul, een hoog cijfer of een plenair compliment door de docent. De krul, het cijfer en het compliment hebben een 'positieve' waarde. Die waarde vertelt de leerling dat zijn leerprestatie 'positief' en gewenst was. In het verkeer wordt je oplettende gedrag beloond met een veilige thuiskomst. De veilige thuiskomst is een teken, dat je (in ieder geval op cruciale momenten) 'goed' hebt opgelet. Beloning, of je die nu bewust of onbewust ervaart, zet aan tot herhaling van vergelijkbaar, eerder 'positief' gewaardeerd gedrag. Iemand wiens gedrag 'positief' wordt gewaardeerd, zal die reactie ook gaan ervaren als betrekking hebbende op zijn of haar gehele persoon. Als gedrag keer op keer en langdurig wordt beloond, stapelt zich dat als het ware op in de persoon. Zo wordt door middel van beloning iemands eigenwaarde gevoed.

Eigenwaarde door beloning

In Het OpvoedABC staat de B voor beloning en niet voor bestraffing, omdat je met beloning heel ver kunt komen in het creëren van gewenst, 'positief' gedrag. In de dagelijkse praktijk, blijken de meeste opvoeders helaas meer geneigd tot bestraffen dan belonen van gedrag. Met de (meestal) groeiende lichamelijke en mentale mogelijkheden van een kind, neemt het contact met zichzelf en de omgeving toe. Een kind wil en zal op iedere leeftijd op onderzoek uit gaan, om grenzen te ontdekken: kruipend door de woonkamer, later zwemmend in een buitenlandse zee en nog wat later flirtend op Hyves of msn.

De meeste aandacht van opvoeders wordt getrokken op momenten, wanneer een kind zo'n grens (bijna) heeft bereikt of overschreden. Uit meestal goedbedoelde bescherming, onzekerheid, schrik, voorzichtigheid, etc. krijgt een kind dan een waarschuwende, beperkende, afwijzende, bestraffende reactie op zijn of haar natuurlijke, onderzoekende gedrag.

Afwijzende reactie wanneer een kind de grens (bijna) heeft bereikt

Maar waarom niet wat meer aandacht voor een kind op de weg naar de grenzen toe... Het is toch opmerkelijk, dat een weg die zoveel gelegenheid biedt voor beloning, nauwelijks aandacht krijgt. Terwijl grensgebieden slechts een (eind)punt of –streep zijn, die verreweg de meeste aandacht krijgen. Wat is er mis met de focus op gedrag, waarvoor je een kind kunt belonen en bemoedigen... Afgewezen en bestraft, worden mensen al meer dan genoeg. De focus dus graag zoveel mogelijk op beloning.

Focus op gedrag, waarvoor je een kind kunt belonen en bemoedigen...

Als je doel is (en wiens doel is dat niet?) om gewenst, 'positief' gedrag tot stand te brengen, kom je een heel eind met belonen. Je redt het helaas vaak niet met belonen alleen. Grenzen zijn er nu eenmaal. Je stelt ze en in veel gevallen zijn ze al door anderen gesteld. Grenzen bieden structuur. Voor mensen zijn kennis en bewustzijn daarvan belangrijke ontwikkelingsaspecten. Grenzenloosheid leidt tot chaos en weerhoudt de meeste mensen van gezond functioneren.

Teneinde schadelijk grensoverschrijdend gedrag te voorkomen en 'positief' gewenst gedrag te creëren, beschikken we over (een combinatie van) drie mogelijkheden, te weten:

- belonen van gewenst, 'positief' gedrag — **I** in onderstaand schema
- negeren van ongewenst, 'negatief' gedrag — **V** in onderstaand schema
- bestraffen van ongewenst, 'negatief' gedrag — **VI** in onderstaand schema

	'Positieve' aandacht geven BELONEN	'Geen' aandacht geven NEGEREN	'Negatieve' aandacht geven BESTRAFFEN
'Positief' gedrag van kind	**I**	II	III
'Negatief' gedrag van kind	IV	**V**	**VI**

Het is prima, om te lezen over de opvoedvoorkeur, die voortkomt uit Het OpvoedABC. Veel effectiever is het nog, om je bewust te worden van het effect en de beleving die belonen, negeren en bestraffen hebben op gedrag. Neem daartoe, alvorens verder te
P lezen, de praktijkbladen IVa en IVb op pagina 66 en 67 erbij. Vul het schema (praktijkblad IVb), aan de hand van de bijbehorende stellingen (praktijkblad IVa), voor jezelf in.

Met behulp van de situaties op het zojuist ingevulde praktijkblad, heb je hopelijk een indruk gekregen van het effect, dat belonen, negeren en bestraffen teweeg kunnen brengen. Volgens Het OpvoedABC komen de resultaten daarvan neer op het volgende:

I Belonen van 'positief' gedrag

Hierdoor zal een kind meer van dit 'positieve' gedrag gaan vertonen. Precies wat wordt beoogd, want waar 'positief' gedrag is, is geen tijd en ruimte voor 'negatief' gedrag.

V Negeren van 'negatief' gedrag

Indien totaal geen aandacht voor 'negatief' gedrag bestaat (of lijkt te bestaan...), blijft gedrag niet lang interessant. Het gedrag zal op termijn uitdoven en het kind zal onbewust op zoek gaan naar alternatief gedrag. De kans is zeer groot, dat 'negatief' gedrag plaats maakt voor 'positief' gedrag.

VI Bestraffen van 'negatief' gedrag

Negeren van 'negatief' gedrag heeft de voorkeur, maar bij aanhoudend, fysiek of anderszins extreem grensoverschrijdend gedrag wordt 'bestraffen' noodzakelijk. Wanneer bestraffend wordt gereageerd op 'negatief' gedrag, is sprake van 'negatieve' aandacht. Deze is in jouw ogen mogelijk terecht en schijnbaar doeltreffend. Een kind kun je daardoor echter juist aansturen op het in stand houden van 'negatief' gedrag. Vooral bij gebrek aan 'positieve' aandacht, kan bij een kind namelijk de volgende onbewuste redenering ontstaan: beter 'negatieve' aandacht, dan helemaal 'geen' aandacht.

Een kind wordt bestraft, omdat het een klaarblijkelijke grens heeft overschreden. Die boodschap dient voor hem of haar helder en confronterend te zijn. Op deze manier geef je het een nieuwe kans, om kennis te maken met door jou (of een ander) gestelde grenzen en zich daar naar te gedragen. Bestraffende reacties dienen in eerste instantie verbaal en/of fysiek ruimtebeperkend te zijn. In tweede instantie kan zonodig alsnog ruimte worden gemaakt voor verhelderende discussie of eventueel overleg.

1 Wijs het kind zo kort mogelijk, maar duidelijk terecht. Laat dit zo direct mogelijk volgen op het grensoverschrijdende gedrag. Zo kan het kind een (on)bewuste, duidelijke link leggen. Als straf te vertraagd volgt op het gedrag, heeft dit nauwelijks of juist een averechts effect. Als de link tussen gedrag en straf onduidelijk wordt, heeft dat zelfs een nadelige invloed op de eigenwaarde. Het kind kind gaat zich onzeker voelen en gedragen, met allerlei nog vervelendere gevolgen van dien (zie ook pagina 23).

2 Wijs het kind vervolgens, afhankelijk van de leeftijd, voor bepaalde tijd ('om na te denken of voelen') een begrensde ruimte toe. Gedraag je voor die bepaalde tijd alsof je geen aandacht voor het kind en zijn of haar gedrag hebt. Zorg er zonder (veel) te spreken voor, dat het kind in de toegewezen ruimte blijft. Bij verlaten van de ruimte, gaat 'de tijd' steeds weer opnieuw in.

3 Leg, nadat 'de tijd' om is altijd uit, dat wat er is gebeurd voor geen van de betrokkenen leuk of goed is. Doe dit ook weer zo kort en duidelijk mogelijk Vraag het kind tenslotte zelf, om (na) te vertellen wat en waarom het niet leuk of goed was.

4 Je voorspelt, dat je een volgende keer precies hetzelfde met zulk gedrag om zal gaan. Houd je aan die belofte!

Zonodig bestraffen van 'negatief' gedrag

Het kind kan zo zelf de keuze maken voor (alternatief) 'positief' gedrag en aandacht. Het kan ook kiezen voor 'negatief' gedrag, gevolgd door 'geen' aandacht (negeren) in een bovendien fysiek begrensde ruimte. De keuze tussen een leuke, bemoedigende situatie en saaie, eenzame situatie is dan vaak snel gemaakt.

In de overige situaties (**II**, **III** en **IV** in het schema) wordt dermate onlogisch en verwarrend gehandeld, dat ze niet voor zouden mogen komen. Helaas is dat toch nog te vaak, onbewust en ongemerkt het teleurstellende geval. Deze situaties werken averechts in zowel de bevordering van 'positief' als de uitdoving van 'negatief' gedrag. Het nog veel te veelvuldig voorkomen van deze situaties geeft wel een legitieme reden, om er enige (afkeurende!) aandacht aan te besteden.

II Negeren van 'positief' gedrag

Als een kind iets doet, betekent dat vaak een ontdekking van nieuw gedrag. Hij of zij begint voor het eerst te praten, bouwt met Lego een huisje om in een boot, of wordt bevorderd tot aanvoerder van het sportteam. Als daar geen oog voor is, voelt een kind zich ook letterlijk niet gezien. Dat kan voor hem of haar betekenen, dat het nieuw ontdekte gedrag nauwelijks of niet van waarde is. De reactie op het gedrag is teleurstellend, waardoor het kind zich minder bemoedigd zal voelen, om zich in te zetten voor toekomstig vergelijkbaar gedrag. Het komt het onderlinge contact tussen opvoeder en kind niet ten goede.

III Bestraffen van 'positief' gedrag

Voor het bestraffen van 'positief' gedrag geldt vrijwel hetzelfde als voor het negeren van 'positief' gedrag. Als de eerste woordjes, de Lego-ombouwing van huis naar auto of de bevordering tot aanvoerder, worden gevolgd door bestraffend gedrag, is de kans echter groot, dat het 'positieve' gedrag wordt gelinkt met een 'negatieve' waarde. Het nieuwe gedrag brengt daardoor een onbegrepen, afgewezen gevoel teweeg. Met een bestraffende reactie wordt bijvoorbeeld bedoeld, dat...

> ... wordt opgemerkt, dat een kind een poging doet tot het produceren van een woord, MAAR erop wordt gewezen, dat het nog steeds niet kan lopen
>
> ... een kind vol trots het omgebouwde Lego-huis presenteert en reactie volgt van MAAR op je kamer is het één grote bende
>
> ... een kind thuiskomt met het grote nieuws te zijn bevorderd tot nieuwe aanvoerder, MAAR daarop wordt gereageerd met opmerkingen over achterstallig huiswerk

IV Belonen van 'negatief' gedrag

Hiervoor gaan we even terug naar één van de voorbeelden aan het begin van dit hoofdstuk op pagina 25: 'Zo kunnen leerprestaties op school worden beloond met een rode krul, een hoog cijfer of een plenair compliment door de docent. De krul, het cijfer en het compliment hebben een 'positieve' waarde. Die waarde vertelt de leerling dat zijn leerprestatie 'positief' en gewenst was.'

Stel dat in plaats van een 'positieve' leerprestatie een 'negatieve' leerprestatie wordt beloond met een krul, hoog cijfer of compliment. Als dit eenmalig is, denkt de leerling misschien dat er een fout of grap wordt gemaakt. De leerling kan het dan ook nog opvatten, alsof zijn of haar leerprestatie niet serieus wordt genomen. Indien dit echter vaker voorkomt, zal de leerling zich òf zeker niet meer serieus genomen voelen òf de leerling zal er wellicht in gaan geloven, dat zijn of haar leerprestatie wèl de gewenste is. Al met al zeer verwarrend: er ontstaat onzekerheid bij en in het kind. Niet alleen over de waarde van de geleverde prestatie, maar over zijn of haar gehele eigen beoordelingsvermogen. Iets vergelijkbaars gebeurt als een kind keer op keer een ander kind pest. Stel dat in plaats van op het pestgedrag in te gaan, direct wordt overgegaan tot een 'positieve' ervaring. Het 'negatieve' gedrag wordt dan onbewust gelinkt aan een 'positieve' waarde.

Belonen van 'negatief' gedrag is niet logisch. Het leidt uiteindelijk tot onzekerheid

Het pestende (maar ook het gepeste) kind kan de indruk krijgen, dat het pestgedrag tegen andere geïntegreerde normen in, aanvaardbaar is. Het is gedrag dat in vrijwel iedere andere situatie wel 'negatieve' consequenties heeft, hetgeen wederom zal leiden tot onzekerheid, bij beiden.

P Hieronder nogmaals het schema van pagina 27. Ten opzichte van het vorige schema is onderstaand schema aangevuld met gevoelens van het kind, die het per situatie zal ervaren. Leg nu eens praktijkblad IVb (pagina 67) met je eigen antwoorden op **I** t/m **VI** naast het onderstaande schema. Vergelijk jouw antwoorden met de genoemde gevoelens van het kind. Je ontdekt hoogstwaarschijnlijk een overeenkomst tussen jouw gevoelens en de gevoelens, die een kind in een vergelijkbare situatie zal ervaren. Je leeft je als het ware in, in de positie van het kind.

	Belonen	**Negeren**	**Bestraffen**
'Positief' gedrag	I Bemoedigd	II Ontmoedigd	III Afgewezen
'Negatief' gedrag	IV Vertwijfeld	V Ontkracht	VI Ontkracht

P Door je in te leven in een kind, word je je bewuster van de mogelijke effecten, die jouw gedrag heeft op het gedrag van het kind. Dit kun je doen ook voor andere, meer persoonlijke situaties doen. Bijvoorbeeld met behulp van bovenstaand schema en de praktijkbladen Va en Vb op pagina 68 en 69. Wees hierbij open en eerlijk: je doet het voor jezelf, jouw opvoeding en het kind.

- Vraag je steeds eerst af welk gedrag een kind vertoont. Noteer het gedrag op praktijkblad Va op pagina 68.
- Daarna schrijf je op hoe jij normaalgesproken op dit gedrag reageert.
- Vervolgens ga je na of je het gedrag van een kind als 'positief' (+) of 'negatief' (-) ervaart. Noteer dat, door een + of – te omcirkelen op praktijkblad Va.
- Jouw gebruikelijke reactie interpreteer je tenslotte als belonend (+), negerend (0) of bestraffend (-). Noteer dat, door op praktijkblad Va een +, 0 of - te omcirkelen.
- Kijk en omcirkel in het schema van praktijkblad Vb welke combinatie dat oplevert: **I, II, III, IV, V** of **VI**.

De gunstige situaties **I, V, VI** zijn hieronder beschreven. Valt een echter situatie onder **II, III** of **IV**, lees dan de pagina's 29 en 30 opnieuw door. Het ziet er naar uit, dat je verwarrend en onlogisch met gedrag van het kind omgaat. Zoek naar een alternatieve reactie op het gedrag van het kind. Pas met andere woorden je eigen opvoedgedrag zo snel mogelijk aan.

Valt de situatie onder:

I dan zou je slechts 'positief' gedrag moeten ervaren. Als dit niet het geval is, begin dan met het negeren van 'negatief' gedrag. Houd je voornaamste focus op het belonen van 'positief' gedrag!

V dan zou 'negatief' gedrag, mits je consequent handelt, op termijn uit moeten doven. Blijf het 'negatieve' gedrag negeren! Zorg ervoor, dat je voornaamste focus op het belonen van elk stukje 'positief' gedrag ligt!

VI dan zou het kind wel eens verstrikt kunnen zijn geraakt in de onbewuste redenering, dat 'negatieve' aandacht in ieder geval beter is dan helemaal 'geen' aandacht. Begin direct met het negeren van het 'negatieve' gedrag! Zorg er bovendien voor, dat je voornaamste focus op het belonen van elk stukje 'positief' gedrag komt te liggen!

Het spreekt voor zich, dat gevoelens versterkt raken naarmate ze vaker worden opgewekt. Als je een kind bij wijze van spreken per dag één keer beloont en twee of meerdere malen bestraft, heeft bestraffende aandacht de 'negatieve' overhand. Dit is helaas geen uitzonderlijke dagelijkse gang van zaken. Het gebeurt iedere opvoeder en veruit de meesten zijn zich hier te weinig van bewust. Zo'n dagelijkse praktijk heeft ongunstige gevolgen voor de eigenwaarde van het kind: de ontwikkeling van de eigenwaarde zal erdoor stagneren of afnemen, terwijl eigenwaarde zo'n belangrijke basisbehoefte is

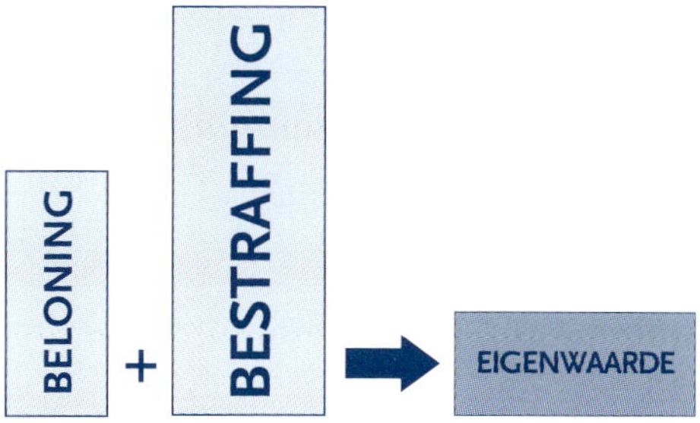

Meer straf dan beloning heeft een nadelige invloed op de eigenwaarde

Voor de geambieerde situatie, waarin belonend gedrag de dagelijkse overhand heeft, geldt het omgekeerde voor de ontwikkeling van de eigenwaarde. Die zal toenemen met de mate waarin beloning dagelijks op de voorgrond zal staan.

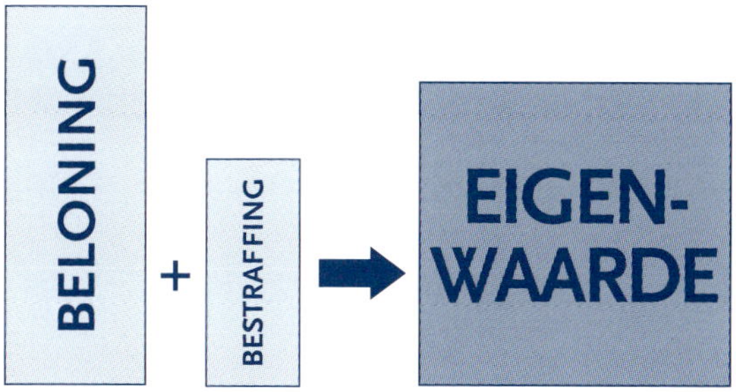

Meer beloning dan straf is gunstig voor de ontwikkeling van eigenwaarde

Ten behoeve van een verantwoorde opvoeding, zijn steeds weer bewuste keuzes voor je eigen opvoedgedrag nodig. Het is van het grootste belang, om het beoogde effect van voornamelijk 'positief', gewenst gedrag steeds goed voor ogen te houden. Volgens Het OpvoedABC kun je dit voor een groot deel bewerkstelligen, door steeds uit te gaan van de opvoedelementen aandacht en beloning. Essentieel daarbij is echter de toevoeging van consequentheid. In de volgende hoofdstukken zal duidelijk worden waarom consequentheid volgens Het OpvoedABC de meest praktische, onmisbare opvoedstap is, om opvoeding tot een verantwoord, efficiënt geheel te maken.

Persoonlijke aantekeningen

6 Consequentheid

Consequentheid is de vaste combinatie en volgorde van steeds twee factoren. Zo staan de letters van je naam altijd in dezelfde volgorde, komt uit een opengedraaide kraan (meestal) water en valt een hoge boom bij laag afzagen om. Zulke verschijnselen vinden consequent plaats en zijn vandaar voorspelbaar. Die voorspelbaarheid geeft mensen zekerheid. Het is bijvoorbeeld zeker, dat wanneer letters in de volgorde J > e > a > n > n > e > t staan, die letters mijn naam vormen. Ik weet (vrijwel) zeker, dat ik met het opendraaien van een kraan, daar water uit zal zien komen. Bij het omzagen van een hoge boom, zoek ik dekking, ook dat is zeker.

Consequent, dus betrouwbaar

Het zijn consequente verschijnselen, die ik kan voorspellen. Voorspelbaarheid geeft vertrouwen. Het omgekeerde is ook waar. Inconsequentheid neemt vertrouwen weg of geeft wantrouwen. Als een opengedraaide kraan de ene keer wel water geeft en de andere keer niet, verlies ik mijn vertrouwen in de kraan. Als de letters steeds weer in een andere volgorde staan en de boom na laag afzagen de ene keer omvalt en de andere keer niet, worden de situaties onvoorspelbaar en dus onbetrouwbaar. Mijn vertrouwen in het gedrag van de kraan, de letters en de boom maakt plaats voor wantrouwen.

Inconsequent, dus onbetrouwbaar

Nog liever zou ik dan een betrouwbare waterloze kraan hebben, de letters van een naam in een consequente onjuiste volgorde (E-n-e-j-a-n-t....?) en een boom die na laag afzagen nooit omvalt. Dat is in onze wereld onlogisch of abnormaal, maar in ieder geval consequent gedrag, waarop je kunt vertrouwen. Als gedrag maar lang genoeg consequent plaatsvindt, wordt zelfs zeer onlogisch gedrag uiteindelijk normaal. Ook op basis van consequent onlogisch gedrag kan ik dus vertrouwen ontwikkelen. Zulk vertrouwen heeft in deze wereld echter weinig overlevingskans. Doorgaans komt uit kranen wel water, staan de letters van namen in een vaste, leesbare volgorde en vallen hoge bomen bij laag afzagen gewoon om. Kleine kans dus, dat je je vertrouwen in de werking van de wereld laat afhangen van een enkel abnormaal verschijnsel, zoals de onlogische reactie van een ding.

Consequent, maar onlogisch, dus...verwarrend

De letters, de kraan en de boom zijn dingen. Dingen hebben geen bewustzijn. Ze hebben geen keuze. Het 'gedrag' van dingen is puur afhankelijk van de keuze van hun omgevingsfactoren. Op elke omgevingsfactor reageert een ding op dezelfde manier. Ter illustratie: als je een hoge boom laag afzaagt, zal die niet voor de verandering eens blijven staan of wegvliegen. Het 'gedrag' van de boom, in combinatie met de omgevingsfactor 'laag afzagen', is consequent en dus betrouwbaar.

Hoge boom	+	laag afzagen	=	omvallen
(ding)		(omgevingsfactor)		(consequente reactie)

Mensen hebben, in tegenstelling tot dingen, wel bewustzijn. Ze kunnen voor hun gedrag kiezen. Dat wil niet zeggen, dat het gedrag van mensen ook bewust en gekozen is. Het gedrag van mensen is ook vaak onbewust. Voorbeelden daarvan zijn lopen, praten en (op den duur) ook opvoeden. De meeste mensen lopen, praten en voeden automatisch op. Het gedrag gaat vanzelf. Pas als je in onbewust gedrag belemmerd raakt, word je je bewust van je gedrag. Als je niet goed meer kunt lopen, praten of opvoeden, ga je je afvragen waarom dat niet meer lukt. Door bij jezelf en in je situatie na te gaan wat er aan de hand is, verruim je je zelfbewustzijn. Een ruimer zelfbewustzijn betekent toegang tot meer informatie over jezelf. Je leert dus mogelijkheden kennen, ook opvoedmogelijkheden. Het is uiterst belangrijk, om je bewust te zijn van wat je zegt en doet en de effecten daarvan, vooral in de omgang met kinderen. Je kunt ervoor kiezen, om functioneel gedrag te behouden en bepaald gedrag weg te laten. Je kunt een deel ervan vervangen door en/of aanvullen met nieuw gedrag. Het is nooit te laat om dat bij te sturen of te vervangen. Wel geldt: hoe jonger en ongevormder het kind, hoe makkelijker het zich aanpast en jij jezelf en het kind dus stuurt.

Vanuit Het OpvoedABC is consequentheid het meest praktische opvoedelement. Het is een zeer herkenbaar en direct toepasbaar element. De meeste opvoeders die zich bewust worden van hun opvoedstijl, zullen zichzelf vooral betrappen op inconsequentheid. Realiseer je dat inconsequent handelen de grote boosdoener is in het ontstaan van conflicten. Inconsequent handelen creëert niet alleen conflict tussen opvoeder en kind, maar ook bij het kind van binnen. Een kind heeft de behoefte te weten waar het aan toe is, wat er van hem of haar wordt verwacht, wat beloning en bestraffing tot gevolg heeft, waar grenzen zijn. Het moet daarop kunnen vertrouwen. Als opvoeder ben je verantwoordelijk voor het consequent stellen en bewaken van grenzen. Dit consequente handelen maakt een opvoeder betrouwbaar. Als je gedrag daarentegen inconsequent en onvoorspelbaar is, schaadt dat (de ontwikkeling van) vertrouwen.

Inconsequentheid schaadt de ontwikkeling van vertrouwen

Wees je daar bewust van en zoek naar nieuwe manieren van handelen. Kies de manier die bij je past en handel daar consequent naar. Je wilt terug naar betrouwbaar gedrag. Betrouwbaar gedrag is dus meestal logisch gedrag. Denk maar aan de eerder besproken kraan, boom en letters, die zich logisch en voorspelbaar gedragen. Op het voorspelbare gedrag van dingen kun je doorgaans vertrouwen.

Consequentheid leidt tot vertrouwen

Voorbeelden met betrekking tot opvoeding kwamen al aan de orde in het voorgaande hoofdstuk over beloning. In het schema op pagina 31 zijn de situaties **I**, **V** en **VI** logisch en betrouwbaar: belonen van 'positief' gedrag en negeren of bestraffen van 'negatief' gedrag. Een opvoeder die hier consequent naar handelt, geeft het kind vertrouwen.

Logisch, betrouwbaar opvoedgedrag:

- Consequent belonen van 'positief' gedrag.
- Consequent negeren van 'negatief' gedrag.
- Consequent bestraffen van 'negatief' gedrag.

De overige situaties **II**, **III** en **IV**: negeren of bestraffen van 'positief' gedrag en belonen van 'negatief' gedrag zijn niet logisch. Helaas kan onlogisch gedrag tot op zekere hoogte ook betrouwbaar worden. Indien een opvoeder langdurig consequent onlogisch gedrag toepast, zal een kind dit uiteindelijk toch als logisch en normaal gaan ervaren. Jij bent als opvoeder immers zijn of haar belangrijkste voorbeeld. Het zal een zeker vertrouwen ontwikkelen ten aanzien van jouw onlogische opvoedgedrag. De kans is echter zeer groot, dat het kind ooit in aanraking zal komen met tegengesteld, meer logisch gedrag. Gedrag door mensen om zich heen, zoals andere opvoeders. Erg verwarrend voor een kind.

Onlogisch, verwarrend opvoedgedrag:

- Consequent negeren van 'positief' gedrag.
- Consequent bestraffen van 'positief' gedrag.
- Consequent belonen van 'negatief' gedrag.

Deze situatie is vergelijkbaar met een onlogische werksituatie. Stel: voor iedere fout of overtreding die jij maakt, geeft jouw baas jou heel onlogisch, maar jarenlang consequent loonsverhoging. Voor jou zal dat onlogische gedrag op den duur normaal worden. Zo'n onlogische situatie is natuurlijk voor vrijwel niemand in de rest van de wereld normaal. Als je deze ervaring zou delen met collega's of een nieuwe werkgever, zou dat dus een behoorlijke confrontatie en tegenstrijdigheid bij jou teweegbrengen. Het onlogische gedrag van je baas zal onbetrouwbaar aan gaan voelen. Erg verwarrend voor jou als werknemer.

Het vertrouwen in de wereld en zichzelf, dat een kind op bovenstaande wijze zou ontwikkelen heeft niet zo'n grote overlevingskans, evenals het eerdere vertrouwen in de waterloze kraan, de letters van mijn naam in een consequent onjuiste volgorde en de boom die nooit omvalt. Het kind zal een onduidelijk, verward beeld krijgen van dat wat logisch en betrouwbaar is en wat niet. Het vertrouwen van een kind raakt onnodig in het geding.

Als opvoeder ben je grotendeels bepalend voor het basisvertrouwen van een kind. Wees je ook hiervan bewust en neem jezelf serieus. Zorg ervoor dat je consequent handelt.

- Ten eerste ten opzichte van het kind. Waarom zou een kind je voortaan geloven, als je je belofte eerder niet hebt gehouden...?

- Ten tweede ten opzichte van eventuele andere kinderen: trek één lijn. Waarom zou een kind zijn of haar best doen, om rustig te praten, terwijl een ander schreeuwend kind je aandacht blijkt te krijgen...?

- Ten derde ten opzichte van jezelf: neem jezelf serieus en geef het goede voorbeeld. Waarom zou een kind etend aan tafel blijven zitten, terwijl jij zelf niet eet en/of zelfs rondloopt...?

- Ten vierde ten opzichte van mede-opvoeders: trek ook onderling één lijn. Waarom zou een kind tanden gaan poetsen als het van een ander nog TV mag kijken...?

Kinderen zijn scherp, meestal eerlijk en vaak weinig terughoudend als ze inconsequentheid opmerken. En terecht! Gebruik die informatie en word je bewust van je eigen consequente of inconsequente opvoedgedrag en de effecten daarvan.

Ter verduidelijking nog een vergelijking van bovenstaande punten met een werksituatie. Stel: je leidinggevende stelt de regel in, dat de lunchpauze voortaan 30 in plaats van 45 minuten mag duren.

- Als ten eerste de regel niet wordt gecontroleerd en je er geen consequenties van ondervindt, zul je minder geneigd zijn je aan de regel te houden.

- Ten tweede zul je evenmin geneigd zijn je pauze tot 30 minuten te beperken, als collega's zich niet aan de regel houden, daar noch consequenties van ondervinden.

- Wanneer ten derde de baas zelf steeds langer dan 30 minuten pauzeert, zul je al snel ook langer doen over jouw lunch.

- Ten vierde zul je de regel totaal niet meer op haar waarde kunnen schatten als een andere baas te kennen geeft, dat de pauze een uur duurt.

Van consequentheid is geen enkele sprake en wèg is de kracht van de pauzeregel, sterker nog: het gezag van je baas. Is dat nu gedegen en verantwoord leiding geven...? Hoe serieus neem je hem of haar nog...? Iemand die consequent is in gedrag naar een ander, leert het daarmee vertrouwen aan. Dat geldt ten zeerste in de opvoeding van een kind. Consequentheid is nogmaals de eerste, meeste effectieve en belangrijkste stap naar het (terug)nemen van de controle over het gedrag van een kind. Pas als een kind vertrouwen heeft in zijn of haar omgeving, is het in staat tot vertrouwen in en op zichzelf, op liefde en eigenwaarde.

Met name dit opvoedelement vraagt, zoals eerder reeds werd aangegeven, om zelfkennis. Een kind kan nog lang niet altijd bewust en zelfstandig kiezen. Het is daarin onder meer afhankelijk van jou als opvoeder. Jij kunt wel de moeite nemen, om heel bewust je eigen gedrag en de effecten daarvan nagaan en de nodige aanpassingen aanbrengen. Dat kost naast moeite, ook geduld, vastberadenheid en doorzettingsvermogen. Als je hier als opvoeder echter nu niet voor gaat, zal een kind daar later hoogstwaarschijnlijk nog meer van nodig hebben dan jij nu. Stel je dat eens voor...

Een kind verdient aandacht, beloning en consequentheid. Laatste zal in eerste instantie meer weerstand dan enthousiasme bij een kind oproepen. Het zal daar, evenals jij als opvoeder, echter al snel bewust of onbewust profijt van ondervinden. Onthoud het belang van consequentheid en vertrouwen. Stel grenzen door het stellen en handhaven regels en afspraken. Uitzonderingen komen pas veel later. Poneer en ervaar jezelf als voorbeeld, houd je aan je belofte, aan je woord en aan grenzen. Verleg grenzen niet vanuit gemak; het zal leiden tot het grootse en moeilijk omkeerbaar ongemak. Zeg 'ja' als je ja bedoelt en handel daarnaar, zeg 'nee' als je nee bedoelt en houd daaraan vast. Wees duidelijk en concreet. Houd vooral niet op met consequent zijn: niet als het gewenste resultaat lijkt te zijn of is bereikt; niet als je het gewenste resultaat nooit denkt te bereiken. Vertrouw op consequentheid. Gun jezelf de rust die je daarmee op termijn creëert en ga voor vertrouwen van het kind.

Persoonlijke aantekeningen

7 A, B en C natuurlijk gecombineerd

Naast het belang van de opvoedelementen aandacht en beloning, is in het laatste hoofdstuk de onmisbaarheid van het opvoedelement consequentheid getoond. De drie opvoedelementen staan enerzijds op zichzelf en zijn los van elkaar effectief inzetbaar. Anderzijds delen ze ook een zekere overlap en versterken ze elkaar. Zo kan aandacht belonend werken en is het verstandig, zo niet noodzakelijk, om consequent te zijn in het toepassen van belonende aandacht. Het OpvoedABC gaat vooral uit van de wederzijdse versterking van de drie elementen. Het draait daarbij, evenals het leven van een kind, in wezen om de ontdekking van grenzen. Als opvoeder heb je de taak, om kinderen daarin bij staan. Consequentheid geeft je daartoe de meest praktische gelegenheid, namelijk door het gebruik van afspraken en/of regels.

P In hoofdstuk 1 heb je onder meer drie zinnen afgemaakt. In feite heb je, door het afmaken van die zinnen, nu vijf regels bij de hand, namelijk die bij zin 3 (praktijkblad II pagina 64): *'Bij ons thuis / op school / in de dagopvang...'*

Deze zin heb je als het goed is vijf keer aangevuld. Die kun je nu gebruiken als persoonlijke leidraad voor dit hoofdstuk. Wellicht bestond een aantal van die regels al, voordat je dit boek las. Het is goed mogelijk, dat ze voor jou ook min of meer duidelijk waren, maar niet voor het kind. Nu ze op papier staan, hebben ze een definitievere waarde en samen vormen ze een grens. Grenzen zijn nodig, om een kind duidelijkheid te geven, zodat het weet waar het aan toe is. Door het consequent hanteren van regels, ontwikkelt een kind vertrouwen. Vanuit vertrouwen zal een kind op verantwoorde wijze open kunnen staan voor de ontdekking van een wijdere omgeving en steeds weer nieuwe ervaringen.

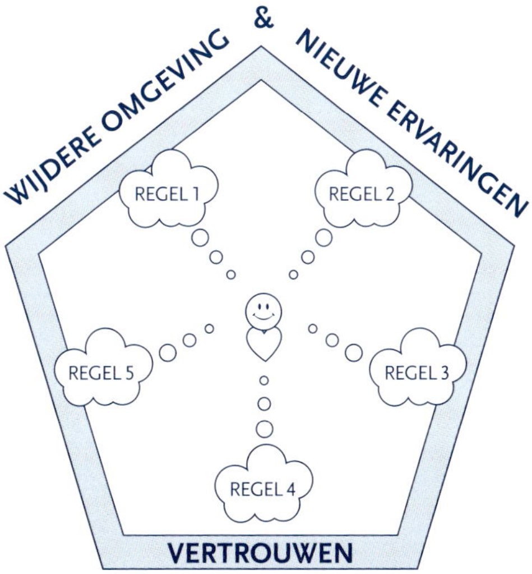

Op basis van regels, met vertrouwen de wijdere omgeving en nieuwe ervaringen tegemoet

Door aandacht te hebben voor een kind, zolang het zich binnen (jouw) grenzen begeeft, maak je de nabijere omgeving interessant. De aandacht vormt een soort buffer, waarmee je het kind zoveel mogelijk afleidt van grenzen. Het streven is dan ook grensvermijding. Dat is natuurlijk een totaal onmogelijke opgave. Gelukkig maar, want grenzen blijven er om ontdekt te worden, juist door kinderen. De manier waarop, is wat op deze manier in banen kan worden geleid. De bufferende aandacht zorgt voor een meer geleidelijke verkenning, richting maatschappelijke, fysieke en door jou bepaalde grenzen. Zo ontwikkelt een kind zich begeleid en vol vertrouwen naar grenzen toe, in plaats van er volledig onbeschermd over- of doorheen te denderen.

Onbeschermd over en door grenzen heen

Aandachtig begeleid en vol vertrouwen op weg naar grenzen toe

Enige vergelijking vind je in een hond die je in de tuin wilt houden, je eigen drang om je huis te verlaten, een jong kind in het zwembad. Een hond, die je alleen in de tuin laat, zal de tuin willen verlaten. Hij wil naar een aangrenzende tuin of het huis binnen. Wanneer je hem echter iets te doen geeft: een speeltje, voedsel, een andere hond of je eigen aandacht, wordt het tuingebied interessant. Zijn aandacht wordt afgeleid van de grenzen met een onwenselijker gebied, zoals de tuin van buren en het huis. Dat geldt ook voor jou. Stel dat je thuis bent en de stad in wilt, om veel, te veel geld uit te geven. Een goed gesprek binnenshuis, met je boek op de bank, je huisdier of partner voor de TV, zelfs achterstallig huishouden, kan je weerhouden van geld uitgeven. Je aandacht wordt erdoor afgeleid van de stad. Een kind in het zwembad, dat de grens met het diepe(re) water nog niet over mag, leid je af met aandacht voor waterspeelgoed, de nadruk op voordelen van ondiep water, zwemles en ander spel. De grens met het diepe water wordt snel, vaak en tijdelijk vergeten.

Door de nabijere omgeving dus interessant te maken, wordt een kind afgeleid van grenzen. Beloning, zoals complimentjes, het benoemen van 'positief' gedrag en duidelijke, betrouwbare omgang met het kind, geven aanleiding tot meer gewenst gedrag. Het kind kan veilig genieten van de nabije, aantrekkelijke omgeving. Grenzen worden minder belangrijk. De aanlokkelijkheid van grensverkennend of -overschrijdend gedrag raakt steeds verder naar de achtergrond. Tegelijkertijd sterkt het belonen van het 'positieve' gedrag de eigenwaarde. In de opvoedsituatie ontstaat meer rust in plaats van conflict: tussen opvoeder en kind, maar ook binnen de opvoeder, binnen het kind en de eventuele (relatie met) andere betrokkenen. De rust geeft gelegenheid tot het ondernemen van meer leuks, meer gezelligs, samen, begeleid of veilig alleen. Liefde krijgt weer of meer de bedoelde ruimte.

Jouw regels zijn nogmaals bedoeld als grens. Je doel is, dat een kind die grens niet overschrijdt en liever ook niet te dicht nadert. In de praktijk:

1 Begin je met het vaststellen van een regel.

2 Dan deel je de regel, onafhankelijk van de leeftijd van het kind, verbaal mee: je vertelt wat de regel is.

3 Eventueel geef je hierbij aan waarom de regel er is. Afhankelijk van de leeftijd van het kind en het belang van de regel, bespreek je de regel minder of meer uitgebreid. Zorg ervoor, dat geen van beiden in herhaling valt en beperk zoveel mogelijk discussie:
- Hoe ouder het kind, hoe meer gelegenheid tot bespreking van de regel.
- Hoe feitelijk belangrijker de regel, hoe minder bespreking ervan: regel is een feit.

4 Vervolgens geef je zonodig consequenties aan, liefst 'positief', desnoods 'negatief'. Ook voor de consequenties geldt, dat je die beperkt houdt, zowel 'positief' als 'negatief' en bovendien in tijd:
- Telkens als het kind zich aan de regel houdt, bemoedig je het.
- Je voorspelt het kind, dat een 'positieve' consequentie volgt (bijv. een uitje) als het zich voor bepaalde tijd (dag, week) aan de regel houdt. Het kind kan zo beloning verdienen.
- Telkens als het kind zich niet aan de regel houdt, benoem, negeer of bestraf je het.
- Je voorspelt het kind desnoods, dat een 'negatieve' consequentie volgt (bijv. geen uitje) als het zich na een bepaalde periode tijd (bijv. een week) niet aan de regel weet te houden. Het kind kan er ook zo voor kiezen, om beloning te verdienen.

Ad1 Met de vijf regels uit hoofdstuk 1 heb je in ieder geval al voldaan aan punt 1: vaststellen van een regel. De regel die op dit moment het vaakst wordt overtreden, gebruik je als eerste. Vul die in op praktijkblad VI op pagina 70.

Voor jou gaat die regel in vanaf het moment, dat je weet welke consequentie je daaraan gaat verbinden. Bedenk een 'positieve' consequentie, die voor het kind belangrijk is. Daarmee wordt beoogd, dat je op zoek gaat naar een 'positieve' consequentie, die je afleidt van een 'negatieve' consequentie. DUS: 'als je je *wel* aan een regel houdt, mag je *wel* computeren, een snoepje of naar een feestje' **in plaats van** 'als je je *niet* aan de regel houdt, mag je *niet* computeren, een snoepje of naar een feestje'. Bij een jonger kind kan het zijn, dat het bijvoorbeeld graag zelf tanden wil poetsen, wil kiezen waar het aan tafel wil zitten, de kar wil duwen in de supermarkt. Bij een ouder kind kan het ook zijn, dat het computerspelletjes wil doen, TV wil kijken, uitkijkt naar een feestje. Voor ieder kind is er meer dan genoeg wat het dagelijks graag doet. Wees creatief, maar denk tegelijkertijd aan dagelijkse, nabije zaken. Wanneer je de consequentie duidelijk hebt, vul je ook die in op praktijkblad VI op pagina 70. Je noteert erbij hoe lang het kind zich aan de regel te houden heeft (een dag, week of tot aan een bepaald uitje), voordat de consequentie geldt. Houd de periode overzichtelijk, voor jezelf en vooral voor het kind. Zodra de regel wordt overtreden, gaat de periode (dag of week) opnieuw in.

Ad 2 De volgende stap is, dat je het kind van de regel op de hoogte brengt. Een goed moment daarvoor is, wanneer het de regel dreigt te overtreden, of zojuist overtreden heeft. Vertel van de regel alsof die voor het eerst aan de orde is.

Ad 3 Leg in zo weinig mogelijk woorden uit waarom de regel er is. Houd eventuele bespreking kort. Jij hebt de regel bepaald en presenteert deze: de opvoeder voedt op en is degene die bepaalt.

Ad 4 Je vertelt erbij, dat er een consequentie aan is verbonden, namelijk die je zojuist hebt genoteerd. Vertel er expliciet bij, dat de regel direct ingaat. Vanaf nu kan het kind de consequentie dus bereiken door zich aan de regel te houden.

Het allerbelangrijkst hierbij, is dat je tussentijds het kind bemoedigt, als het zich aan de regel houdt. Zeg hoe knap of hoe fijn je het vindt, hoe het kind zich gedraagt. Kom gedurende de dag af en toe terug op de consequentie, die het gedrag zal hebben. Gebruik daarbij bijvoorbeeld het schema bij praktijkblad VI op pagina 71. Kruis op een vast moment aan het einde van de dag samen een goed doorlopen dag af. Als het kind de regel overtreedt, wijs je het opnieuw op de regel en eveneens op de consequentie, die eraan is verbonden.

Als het kind de regel overtreedt, volgt de 'positieve' consequentie *consequent* níet! Het zetten van een kruisje in het schema op pagina 71 bij praktijkblad VI kan al zo'n consequentie zijn. Je neemt de regel ten alle tijden serieus, evenals het gedrag van het kind. Dit houd twee of drie weken vol, of tot de datum van een bepaald beloofd uitje. Dan gaan jullie verder met de volgende regel, terwijl natuurlijk ook de eerste regel geldig blijft.

Maak intussen géén uitzonderingen. Wees consequent en verleg geen grenzen. Regel is regel. Als het kind de regel niet volgt, wijst dat er heel hoogstwaarschijnlijk op, dat dat aan de inconsequentheid van de opvoeder ligt. Geef niet op als de regel aanvankelijk niet wordt opgevolgd. Heb geduld en zet door. Houd eveneens vol als de regel snel wordt opgepikt. Geef de kans om gedrag als het ware in te laten slijpen, een gewoonte te laten worden. Heb aandacht voor de regel. Beloon het 'positieve' gedrag van het kind. Wees consequent naar het kind en jezelf. Houd vol.

Aan de hand van Het OpvoedABC, begin je in de praktijk dus bij voorkeur met consequentheid (C). Gezien aandacht (A) en beloning (B) een grote overlap vertonen, is die volgorde van ondergeschikt belang. Hopelijk is inmiddels wel vanzelfsprekend, dat een toename van zowel (consequente!) aandacht als beloning, een gunstige uitwerking heeft op het gedrag van een kind en dus jullie opvoedsituatie.

ABC in de praktijk

C > A > B

C > B > A

De praktijk laat zien hoe A, B en C met elkaar zijn verweven en elkaar versterken. In de dagelijkse omgang met een kind, vooral wanneer een kind (bijv. teruggetrokken of grensoverschrijdend) gedrag vertoont, dat vermoedelijk het gevolg is van aandachtstekort, is het vaak effectief, om het te betrekken in (huishoudelijke) taken (A). Bied een taak bij voorkeur aan alsof het een voorrecht is en te mógen (B) helpen, in plaats van een verplichting en te móeten helpen. Maak afspraken over de gang van zaken in jullie leefomgeving (A). Kom afspraken na en handhaaf regels (B en C). Eet gezamenlijk en aan een tafel (A en C). Geef een kind gelegenheid, om zijn of haar verhaal te doen (A). Als het niet zelf met verhalen komt, nodig het daar dan toe uit. Luister (B), vraag (A en B) en antwoord (A en B). Raak een kind aan (A), intuïtief, maar voorzichtig; stap voor stap, als het dat niet is gewend of bekend is met vervelende lichamelijke ervaringen. Onderneem iets samen (A): knutsel, sport, vertel elkaar moppen, wandel en fiets, bak koekjes, speel een spelletje, leer een kind iets aan, zoek samen kleding uit, etc. De mogelijkheden zijn eindeloos.

Veel van bovenstaande geeft je de kans, om een kind aandacht te geven, te belonen en consequent te zijn. Een kind zal elke handeling met een bepaalde inzet en bewuste of onbewuste verwachting doen. Gebruik die, om het te complimenteren, bemoedigend, lovend of prijzend toe te spreken (A en B). Beloof een kind iets (wat niet persé materieel en/of groots hoeft te zijn) als het hem of haar lukt, om bepaald gedrag een dag of een week vol te houden. Kom regelmatig terug op de voortgang van het gedrag (A, B en C). Kom uiteindelijk en vooral je belofte na (A, B en C). Als iets niet lukt, benadruk het deel dat wèl goed gaat (B) en geef een kind een nieuwe kans (A en C), heb vertrouwen en geduld (A, B en C).

Persoonlijke aantekeningen

A

- Geef een kind **aandacht**: onvoorwaardelijk en anders belonend en consequent.
- Behandel verschillende kinderen qua aandacht gelijk. Voor allen gelden dezelfde regels. Bied ze dezelfde en evenveel **aandacht**. Zorg ervoor dat je niet voortrekt. Een kind kan zich, hetzij onbewust, achtergesteld voelen.
- Kinderen hebben behoefte aan exclusieve **aandacht**: iedere dag een paar minuten alleen met een kind is altijd meer dan helemaal niets.
- Schoolprestaties van een kind zijn belangrijk. Zowel hoge, gemiddelde als lage cijfers hebben **aandacht** nodig. Ga er van uit dat een kind heeft gewerkt voor een beoordeling. Op school is er altijd wel iets, dat een kind kan. Heb daar **aandacht** voor en steun het in de overige schoolvakken of –aspecten.
- **Leer** een kind iets **aan** of begeleid het in een **activiteit**, een verplichte zoals op school of iets waar een kind zelf mee komt.
- **Raak** een kind **aan**, knuffel het, laat het toe en nodig het lichamelijk uit.
- Bedenk en maak samen **afspraken** en regels.
- Kom je **afspraken** met een kind na en houd een kind aan **afspraken**.
- Zorg ervoor, dat je met eventuele mede-opvoeders op 1 lijn zit qua regels, **afspraken** en omgangsvormen.
- Een huisdier kan voor een kind een grote steun betekenen. Geef het er verantwoordelijkheid over. Maak echter duidelijke, reële **afspraken** met betrekking tot de verzorging, voordat je aan een huisdier begint.
- Leer een kind, dat het niet door **anderen** heen praat.
- Laat een kind dagelijks zijn of haar verhaal doen: luister, vraag, **antwoord**.

B

- **Bak** of kook samen iets.
- Leer een kind sparen. Geef ze een spaarpot waar ontvangen (zak-)geld in kan en ga eens in de zoveel tijd samen naar de **bank** en laat het kind een deel sparen, om zo nu en dan geld aan iets (voor hem of haar) belangrijks uit te geven.
- Breng het kind op vaste tijden naar en uit **bed** of zorg, dat het dat zelf doet.
- Stimuleer de omgang met leeftijdgenoten, **begeleid** en steun het kind daarbij.
- Leer een kind iets aan of **begeleid** het in een activiteit, een verplichte zoals op school of iets waar een kind zelf mee komt.
- **Begeleid** een kind zonodig bij school- en huiswerk.
- Wijs schoolprestaties nooit af. Dat doen de cijfers of andere beoordelingen op school al voldoende. Help een kind juist zijn of haar sterke kanten te ontdekken en geef het vertrouwen en **begeleiding** ten opzichte van mindere prestaties.
- Wees geduldig in de omgang met een kind. Het heeft van alles te leren. Bij de één gaat dat sneller dan bij de ander. Heb daar **begrip** voor en leef je in in het kind.

B vervolg

- Als kinderen ruzie, onenigheid hebben of anderszins sprake is van een conflict, luister dan eerst naar alle betrokken partijen. Toon je **begrip** voor de begrijpelijke omstandigheden. Vel een zo objectief mogelijk oordeel en bepaald eventuele consequenties over de situatie. De kinderen behouden zo hun vertrouwen in de opvoedende persoon.
- Vraag een kind naar zijn of haar **belevenissen** als het naar school of elders is geweest. Laat het zijn of haar verhaal doen.
- Houd je **belofte** (niet alleen 'ja' zeggen, je bedoelen en ja doen; ook 'nee' zeggen, nee bedoelen en nee doen). Wees **betrouwbaar**.
- Wees **belonend** in plaats van **bestraffend**.
- Betrek een kind in huishoudelijke taken. Dat geeft ook gelegenheid tot **beloning**.
- **Beloon** het kind niet met grote dingen. Complimentjes kunnen de hele dag door, kosten niets en zijn veel waard.
- **Benut** de energie van een kind in plaats van het te onderdrukken.
- Schoolprestaties van een kind zijn belangrijk. Zowel hoge, gemiddelde als lage cijfers hebben aandacht nodig. Ga er van uit dat een kind heeft gewerkt voor een **beoordeling**. Op school is er altijd wel iets, dat een kind kan. Heb daar aandacht voor en steun het in de overige schoolvakken of –aspecten.
- Gedachten en gevoelens van een kind kun je **bespreken**, **bevestigen** en er laten zijn. Laat het zo weinig mogelijk opkroppen.
- **Bestraf** nooit door slaan of ander mild of grof lichamelijk geweld. Je beschadigt een mens letterlijk en figuurlijk. Je zult steeds forser tekeer moeten gaan, om hetzelfde effect te bereiken. Lichamelijk geweld is totaal zinloos en niet efficiënt!
- Laat een kind (met jouw geld) voor je **betalen**. Leer het zo mogelijk rekenen met echt geld.
- Doe samen huishoudelijke **boodschappen**.

C

- Schoolprestaties van een kind zijn belangrijk. Zowel hoge, gemiddelde als lage **cijfers** hebben aandacht nodig. Ga er van uit dat een kind heeft gewerkt voor een beoordeling. Op school is er altijd wel iets, dat een kind kan. Heb daar aandacht voor en steun het in de overige schoolvakken of –aspecten.
- Wijs schoolprestaties nooit af. Dat doen de **cijfers** of andere beoordelingen op school al voldoende. Help een kind juist zijn of haar sterke kanten te ontdekken en geef het vertrouwen en begeleiding ten opzichte van mindere prestaties.
- **Complimenteer** een kind, ook voor kleine dingen, die voor jou vanzelfsprekend zijn.
- Beloon het kind niet met grote dingen. **Complimentjes** kunnen de hele dag door, kosten niets en zijn veel waard.

C vervolg

- Als kinderen ruzie, onenigheid hebben of anderszins sprake is van een **conflict**, luister dan eerst naar alle betrokken partijen. Toon je begrip voor de begrijpelijke omstandigheden. Vel een zo objectief mogelijk oordeel en bepaald eventuele consequenties over de situatie. De kinderen behouden zo hun vertrouwen in de opvoedende persoon.
- Wees **consequent**.

D

- Geef een kind regelmaat en vaste structuur op een **dag** en in een week.
- Gebruik **dagelijkse** zaken (huishouden, geld, klok, tekenen) om iets aan te leren of te oefenen.
- **Dankbaarheid** breng je al bij door het 'dank je wel' te laten zeggen als het iets ontvangt.
- Een huis**dier** kan voor een kind een grote steun betekenen. Geef het er verantwoordelijkheid over. Maak echter duidelijke, reële afspraken met betrekking tot de verzorging, voordat je aan een huisdier begint.
- Voer geen eindeloze **discussie**, waarbij één of beiden in herhaling vallen.
- Geef in geval van conflict korte, duidelijke boodschappen. Voer geen **discussie** over regels.

E

- Zorg dat een kind zijn of haar mond eerst leeg **eet** en dan pas praat. Intussen heeft een ander kind eventueel gelegenheid, om zijn of haar verhaal te doen.
- **Eet** gezamenlijk op vaste tijden.
- Bestraf nooit door slaan of ander mild of grof lichamelijk geweld. Je beschadigt een mens letterlijk en figuurlijk. Je zult steeds forser tekeer moeten gaan, om hetzelfde **effect** te bereiken. Lichamelijk geweld is totaal zinloos en niet efficiënt!
- Benut de **energie** van een kind in plaats van het te onderdrukken.
- Laat een kind op**eten** wat het zelf opschept.
- Als een kind niet wil **eten**, bied het dan in te kleine porties aan, zodat het de kans krijgt te vragen om meer.
- Geef tijdens het **eten** ieder kind (en volwassene) gelegenheid, om aan het woord te zijn.
- Geef een kind gezond te **eten**, dus weinig vet, weinig suiker en op vaste tijden.
- Zorg ervoor dat je weet wat er in het **eten** van (jou en) een kind zit. Voor meer informatie zie het boekje 'Wat zit er in uw eten?' door Corinne Gouget.

F

- Geef een kind **fatsoen** mee: tegen volwassenen of ouderen zeg je in eerste instantie 'u', je staat voor ze op en je luistert naar hen.
- Wandel en/of **fiets** samen.

G

- **Gedachten** van een kind kun je bespreken, bevestigen en er laten zijn. Laat het zo weinig mogelijk opkroppen.
- Wees **geduldig** in de omgang met een kind. Het heeft van alles te leren. Bij de één gaat dat sneller dan bij de ander. Heb daar begrip voor en leef je in in het kind.
- Laat een kind (met jouw **geld**) voor je betalen. Leer het zo mogelijk rekenen met echt **geld**.
- Geef een kind zak-/kleed**geld**. Hoe jonger een kind, hoe groter de betekenis van weinig.
- Gebruik dagelijkse zaken (huishouden, **geld**, klok, tekenen) om iets aan te leren of te oefenen.
- Leer een kind sparen. Geef ze een spaarpot waar ontvangen (zak-)**geld** in kan en ga eens in de zoveel tijd samen naar de bank en laat het kind een deel sparen, om zo nu en dan **geld** aan iets (voor hem of haar) belangrijks uit te geven.
- **Gevoelens** van een kind kun je bespreken, bevestigen en er laten zijn. Laat het zo weinig mogelijk opkroppen.
- Bestraf nooit door slaan of ander mild of grof lichamelijk **geweld**. Je beschadigt een mens letterlijk en figuurlijk. Je zult steeds forser tekeer moeten gaan, om hetzelfde effect te bereiken. Lichamelijk **geweld** is totaal zinloos en niet efficiënt!
- Eet **gezamenlijk** aan tafel. Eet zelf altijd mee en geef het goede voorbeeld.
- Geef een kind **gezond** te eten, dus weinig vet, weinig suiker en op vaste tijden.

H

- Bewijs een kind een gunst doordat het je mag **helpen** in plaats van moet helpen met wat dan ook.
- Een **huisdier** kan voor een kind een grote steun betekenen. Geef het er verantwoordelijkheid over. Maak echter duidelijke, reële afspraken met betrekking tot de verzorging, voordat je aan een huisdier begint.
- Betrek een kind in **huishoudelijke** taken. Dat geeft ook gelegenheid tot beloning.
- Doe samen **huishoudelijke** boodschappen.
- Gebruik dagelijkse zaken (**huishouden**, geld, klok, tekenen) om iets aan te leren of te oefenen.
- Begeleid een kind zonodig bij school- en **huiswerk**.

K

- Zoek samen **kleding** uit.
- Geef een kind zak-/**kleedgeld**. Hoe jonger een kind, hoe groter de betekenis van weinig.
- Gebruik dagelijkse zaken (huishouden, geld, **klok**, tekenen) om iets aan te leren of te oefenen.
- **Knutsel** samen of zet een kind ertoe aan, om dat bijvoorbeeld met leeftijdgenoten te doen.

L

- Stimuleer de omgang met **leeftijdgenoten**, begeleid en steun het kind daarbij.
- Knutsel samen of zet een kind ertoe aan, om dat bijvoorbeeld met **leeftijdgenoten** te doen.
- Sport samen of zet een kind ertoe aan, om dat bijvoorbeeld met **leeftijdgenoten** te doen.
- **Leer** een kind plannen. Doe voor en laat zien hoe een plan uit stappen bestaat, die je één voor één afwerkt.
- Laat een kind (met jouw geld) voor je betalen. **Leer** het zo mogelijk rekenen met echt geld.
- **Leer** een kind spelenderwijs iets aan.
- **Leer** een kind sparen. Geef ze een spaarpot waar ontvangen (zak-)geld in kan en ga eens in de zoveel tijd samen naar de bank en laat het kind een deel sparen, om zo nu en dan geld aan iets (voor hem of haar) belangrijks uit te geven.
- **Leer** een kind, dat het niet door anderen heen praat.
- **Leer** een kind, om niet zomaar iets te doen of iets te pakken. Laat het eerst vragen of het iets mag.
- **Leer** een kind iets aan of begeleid het in een activiteit, een verplichte zoals op school of iets waar een kind zelf mee komt.
- Bestraf nooit door slaan of ander mild of grof **lichamelijk** geweld. Je beschadigt een mens letterlijk en figuurlijk. Je zult steeds forser tekeer moeten gaan, om hetzelfde effect te bereiken. **Lichamelijk** geweld is totaal zinloos en niet efficiënt!
- **Loop** of rijd met een kind nooit door rood (stop)licht.
- Wees geduldig in de omgang met een kind. Het heeft van alles te **leren**. Bij de één gaat dat sneller dan bij de ander. Heb daar begrip voor en **leef** je **in** in het kind.
- **Luister** naar elkaar.
- Laat een kind dagelijks zijn of haar verhaal doen: **luister**, vraag, antwoord.
- Geef een kind fatsoen mee: tegen volwassenen of ouderen zeg je in eerste instantie 'u', je staat voor ze op en je **luistert** naar hen.
- Als kinderen ruzie, onenigheid hebben of anderszins sprake is van een conflict, **luister** dan eerst naar alle betrokken partijen. Toon je begrip voor de begrijpelijke omstandigheden. Vel een zo objectief mogelijk oordeel en bepaal eventuele consequenties over de situatie. De kinderen behouden zo hun vertrouwen in de opvoedende persoon.

M

- Bewijs een kind een zogenaamde 'gunst' doordat het je **màg** helpen in plaats van **moet** helpen met wat dan ook.
- Zorg ervoor, dat je met eventuele **mede-opvoeders** op 1 lijn zit qua regels, afspraken en omgangsvormen.
- Als er onderlinge onenigheid of ruzie is tussen **mede-opvoeders**, zorg er dan voor, dat een kind weet, dat het daar niet de oorzaak van is. Wat het probleem ook betreft, een kind mag nooit de (directe) verantwoordelijkheid voelen of dragen voor onenigheid of ruzie tussen anderen.

O

- Gebruik dagelijkse zaken (huishouden, geld, klok, tekenen) om iets aan te leren of te **oefenen**.
- Benut de energie van een kind in plaats van het te **onderdrukken**.
- Als er onderlinge **onenigheid** of ruzie is tussen mede-opvoeders, zorg er dan voor, dat een kind weet, dat het daar niet de oorzaak van is. Wat het probleem ook betreft, een kind mag nooit de (directe) verantwoordelijkheid voelen of dragen voor onenigheid of ruzie tussen anderen.
- Als kinderen ruzie, **onenigheid** hebben of anderszins sprake is van een conflict, luister dan eerst naar alle betrokken partijen. Toon je begrip voor de begrijpelijke omstandigheden. Vel een zo objectief mogelijk **oordeel** en bepaald eventuele consequenties over de situatie. De kinderen behouden zo hun vertrouwen in de opvoedende persoon.
- Zorg dat een kind **oplet** in het verkeer.
- Laat een kind recht de weg **oversteken**.

P

- Leer een kind **plannen**. Doe voor en laat zien hoe een **plan** uit stappen bestaat, die je één voor één afwerkt.
- Leer een kind, dat het niet door anderen heen **praat**.
- School**prestaties** van een kind zijn belangrijk. Zowel hoge, gemiddelde als lage cijfers hebben aandacht nodig. Ga er van uit dat een kind heeft gewerkt voor een beoordeling. Op school is er altijd wel iets, dat een kind kan. Heb daar aandacht voor en steun het in de overige schoolvakken of –aspecten.
- Als er onderlinge onenigheid of ruzie is tussen mede-opvoeders, zorg er dan voor, dat een kind weet, dat het daar niet de oorzaak van is. Wat het **probleem** ook betreft, een kind mag nooit de (directe) verantwoordelijkheid voelen of dragen voor onenigheid of ruzie tussen anderen.
- Zorg ervoor dat door de week een vast avondritueel bestaat met vaste volgordes van wassen, tanden **poetsen**, **pyama** aan, (voor-)lezen, etc.

R

- Zorg voor de vroegere 3 R's: **Regelmaat**, **Reinheid** en **Rust**
- Zorg dat een kind voldoende slaap krijgt en op **regelmatige** tijden.
- Behandel verschillende kinderen qua aandacht gelijk. Voor allen gelden dezelfde **regels**. Bied ze dezelfde en evenveel aandacht. Zorg ervoor dat je niet voortrekt. Een kind kan zich, hetzij onbewust, achtergesteld voelen.
- Bedenk en maak samen afspraken en **regels**.
- Neem **regels** serieus en handhaaf ze.
- Zorg ervoor, dat je met eventuele mede-opvoeders op 1 lijn zit qua **regels**, afspraken en omgangsvormen.
- Houd je kind èn jezelf aan de **regels**.
- Geef in geval van conflict korte, duidelijke boodschappen. Voer geen discussie over **regels**.
- Maak, om **regels** te hanteren, desnoods gebruik van een schema, zoals eerder werd gedaan in de bijlage van dit boek.
- Loop of **rijd** met een kind nooit door rood (stop)licht.
- Als kinderen **ruzie**, onenigheid hebben of anderszins sprake is van een conflict, luister dan eerst naar alle betrokken partijen. Toon je begrip voor de begrijpelijke omstandigheden. Vel een zo objectief mogelijk oordeel en bepaald eventuele consequenties over de situatie. De kinderen behouden zo hun vertrouwen in de opvoedende persoon.

S

- Bedenk en maak **samen** afspraken en regels.
- Zoek **samen** kleding uit.
- Doe **samen** huishoudelijke boodschappen.
- Vraag een kind naar zijn of haar belevenissen als het naar **school** of elders is geweest. Laat het zijn of haar verhaal doen.
- Wijs **schoolprestaties** nooit af. Dat doen de cijfers of andere beoordelingen op **school** al voldoende. Help een kind juist zijn of haar **sterke** kanten te ontdekken en geef het vertrouwen en begeleiding ten opzichte van mindere prestaties.
- **Schoolprestaties** van een kind zijn belangrijk. Zowel hoge, gemiddelde als lage cijfers hebben aandacht nodig. Ga er van uit dat een kind heeft gewerkt voor een beoordeling. Op school is er altijd wel iets, dat een kind kan. Heb daar aandacht voor en **steun** het in de overige schoolvakken of –aspecten.
- Begeleid een kind zonodig bij **school-** en huis**werk**.
- Maak, om regels te hanteren, desnoods gebruik van een **schema**, zoals eerder werd gedaan in de bijlage van dit boek.
- Zorg dat een kind voldoende **slaap** krijgt en op regelmatige tijden.

S vervolg

- Leer een kind **sparen**. Geef ze een **spaarpot** waar ontvangen (zak-)geld in kan en ga eens in de zoveel tijd samen naar de bank en laat het kind een deel sparen, om zo nu en dan geld aan iets (voor hem of haar) belangrijks uit te geven.
- **Sport samen** of zet een kind ertoe aan, om dat bijvoorbeeld met leeftijdgenoten te doen.
- **Speel samen** een spelletje.
- Stimuleer de omgang met leeftijdgenoten, begeleid en **steun** het kind daarbij.
- Een huisdier kan voor een kind een grote **steun** betekenen. Geef het er verantwoordelijkheid over. Maak echter duidelijke, reële afspraken met betrekking tot de verzorging, voordat je aan een huisdier begint.
- Zorg dat een kind op de **stoep** loopt.
- Geef een kind regelmaat en vaste **structuur** op een dag en in een week.

T

- Laat een kind minimaal 2 keer per dag de **tanden** poetsen.
- Zorg ervoor dat door de week een vast avondritueel bestaat met vaste volgordes van wassen, **tanden** poetsen, pyama aan, (voor-)lezen, etc.
- Betrek een kind in huishoudelijke **taken**. Dat geeft ook gelegenheid tot beloning.
- Gebruik dagelijkse zaken (huishouden, geld, klok, **tekenen**) om iets aan te leren of te oefenen.
- Eet gezamenlijk op vaste **tijden**.
- Geef een kind gezond te eten, dus weinig vet, weinig suiker en op vaste **tijden**.
- Breng het kind op vaste **tijden** naar en uit bed of zorg, dat het dat zelf doet.

U

- Geef een kind fatsoen mee: tegen volwassenen of ouderen zeg je in eerste instantie ‘**u**’, je staat voor ze op en je luistert naar hen.
- Laat je positief uit over het **uiterlijk** van het kind. Door de rest van de wereld wordt het hierop beoordeeld. Leer het dat het goed is, zoals het is.
- Leer een kind sparen. Geef ze een spaarpot waar ontvangen (zak-)geld in kan en ga eens in de zoveel tijd samen naar de bank en laat het kind een deel sparen, om zo nu en dan geld aan iets (voor hem of haar) belangrijks **uit** te **geven**.
- Verdiep je gezamenlijk in de voorbereiding van een **uitje** of vakantie.
- Leer een kind **uitkijken** als het een weg over wil steken.

V

- Zorg ervoor dat door de week een **vast** avondritueel bestaat met **vaste** volgordes van wassen, tanden poetsen, pyama aan, **(voor-)lezen**, etc.
- Eet gezamenlijk op **vaste** tijden.
- Geef een kind gezond te eten, dus weinig vet, weinig suiker en op **vaste** tijden.
- Breng het kind op **vaste** tijden naar en uit bed of zorg, dat het dat zelf doet.
- Geef een kind **verantwoordelijkheden**, qua omvang en belangrijkheid afhankelijk van de leeftijd van het kind.
- Een huisdier kan voor een kind een grote steun betekenen. Geef het er **verantwoordelijkheid** over. Maak echter duidelijke, reële afspraken met betrekking tot de verzorging, voordat je aan een huisdier begint.
- Als er onderlinge onenigheid of ruzie is tussen mede-opvoeders, zorg er dan voor, dat een kind weet, dat het daar niet de oorzaak van is. Wat het probleem ook betreft, een kind mag nooit de (directe) **verantwoordelijkheid** voelen of dragen voor onenigheid of ruzie tussen anderen.
- Laat een kind dagelijks zijn of haar **verhaal** doen: luister, **vraag**, antwoord.
- Vraag een kind naar zijn of haar belevenissen als het naar school of elders is geweest. Laat het zijn of haar **verhaal** doen.
- Zorg dat een kind zijn of haar mond eerst leeg eet en dan pas praat. Intussen heeft een ander kind eventueel gelegenheid, om zijn of haar **verhaal** te doen.
- Zorg dat een kind oplet in het **verkeer**.
- Als kinderen ruzie, onenigheid hebben of anderszins sprake is van een conflict, luister dan eerst naar alle betrokken partijen. Toon je begrip voor de begrijpelijke omstandigheden. Vel een zo objectief mogelijk oordeel en bepaald eventuele consequenties over de situatie. De kinderen behouden zo hun **vertrouwen** in de opvoedende persoon.
- Zorg ervoor dat je weet wat er in het **voedsel** van (jou en) een kind zit. Voor meer informatie zie het boekje 'Wat zit er in uw eten?' door Corinne Gouget.
- Geef een kind fatsoen mee: tegen **volwassenen** of ouderen zeg je in eerste instantie 'u', je staat voor ze op en je luistert naar hen.
- Geef het goede **voorbeeld**.
- Eet gezamenlijk aan tafel. Eet zelf altijd mee en geef het goede **voorbeeld**.
- Verdiep je gezamenlijk in de **voorbereiding** van een uitje of **vakantie**.
- Leer een kind, om niet zomaar iets te doen of iets te pakken. Laat het eerst **vragen** of het iets mag.
- Als een kind niet wil eten, bied het dan in te kleine porties aan, zodat het de kans krijgt te **vragen** om meer.

W

- **Wandel** en/of fiets samen.
- Zorg ervoor dat door de week een vast avondritueel bestaat met vaste volgordes van **wassen**, tanden poetsen, pyama aan, (voor-)lezen, etc.
- Geef een kind regelmaat en vaste structuur op een dag en in een **week**.
- Leer een kind uitkijken als het een **weg** over wil steken.

Z

- Geef een kind **zak-**/kleed**geld**. Hoe jonger een kind, hoe groter de betekenis van weinig.
- Leer een kind sparen. Geef ze een spaarpot waar ontvangen **(zak-)geld** in kan en ga eens in de zoveel tijd samen naar de bank en laat het kind een deel sparen, om zo nu en dan geld aan iets (voor hem of haar) belangrijks uit te geven.

Kortom wees een aandachtige, belonende, consequente opvoeder!

Persoonlijke aantekeningen

Na- en dankwoord

Natuurlijk blijft ook dit boek grotendeels theoretisch. Echter voor een ieder die heeft gekozen, om een opvoedtaak op zich te durven en mogen nemen, zal Het OpvoedABC herkenbaar en dus praktisch zijn. Misschien leek het ABC je soms zelfs (te) voor de hand liggend. Dan zal het in ieder geval ten alle tijden als opvoed- en geheugensteun kunnen dienen. Het gaat er in beginsel om, dat je wéét hoe op te voeden, dat je bewust bent van mogelijkheden. Daarnaar te handelen is voor velen vaak lastig genoeg. Opvoeding kost tijd, geduld, samenwerking en wat al niet meer. Met de keuze voor een kind, op welke manier dan ook, heb je wat mij betreft voor die verantwoordelijkheid gekozen. Je (opnieuw) bewust worden van de drie opvoedelementen: aandacht, beloning en consequentheid en daarnaar handelen, zal je uiteindelijk veel (terug)brengen. Het zal een positieve draai geven aan het gedrag van zowel het kind als iedere directe betrokkene en aan de tussenliggende relaties. Het leven van het kind en daarmee dat van jou en jouw gezin of andere opvoedsituatie zal verbeteren, harmonieuzer verlopen, mits je je aan het ABC houdt. Ik heb het vaak genoeg mogen ervaren.

Derhalve dank ik aan de ene kant de vele kinderen met wie ik er op uit ben getrokken en heb gewerkt. Aan de andere kant dank ik mijn lieve, ABC-voorbeeldige ouders, wiens opvoeding ik alleen maar kan hopen en wensen voor ieder kind. Tevens bedank ik uiteraard Gerard van Stralen en Jan Brandsma van Uitgeverij Agiel voor hun vertrouwen. Zij hebben mij een uitzonderlijk vrije gelegenheid gegeven, om 'Het OpvoedABC' in de door mij zo geambieerde vorm de wereld in te brengen. Simone Koevoets heeft bovendien letterlijk en zeer treffend 'betekend' wat er qua tekstondersteunende beelden in mijn hoofd speelde: 'uitstekend' en mijn onvertaalbare, blijvende bewondering en dank daarvoor.

Bijlage bij hoofdstuk 1, pagina 9

PRAKTIJKBLAD 1a

1 Ik zou het liefst willen, dat een kind...

a ....

....

b ....

....

c ....

....

d ....

....

e ....

....

(Bijv. goed naar me luistert; zijn/haar eten opeet; zelfvertrouwen heeft; zichzelf kan vermaken; afspraken nakomt; opruimt; op tijd gaat slapen)

Bijlage bij hoofdstuk 1, pagina 9

PRAKTIJKBLAD Ib

2 Om dat voor elkaar te krijgen zou het belangrijk zijn, dat ik...

a ....

.... + / -

b ....

.... + / -

c ....

.... + / -

d ....

.... + / -

e ....

.... + / -

3 **Bij ons thuis / op school / in de dagopvang...**

a ....

....

b ....

....

c ....

....

d ....

....

e ....

....

(Bijv. vraag ik of ik iets mag, voordat ik het doe; eet ik mijn bord helemaal leeg; speel ik alleen met lego en knutselen we samen; ruim ik zelf mijn speelgoed op; lig ik om 20.00 uur in bed)

Bijlage bij hoofdstuk 2, pagina 13 (en 22)

PRAKTIJKBLAD III

	A	B	C
Het kind krijgt...	**aandacht**	**beloning**	**consequentheid**
Jij zal daartoe...	aandacht geven	belonen	consequent zijn
In de vorm van...	afspraken maken	complimenteren	'nee' betekent nee
	betrekken bij taken	knuffelen	'ja' betekent ja
	iets aanleren	nadruk op 'positief' gedrag	opvoeders op 1 lijn
	luisteren	verbaal prijzen	voorbeeld zijn
	....	....	....
	....	....	....
	....	....	....
	....	....	....
	....	....	....
	....	....	....
	....	....	....
	....	....	....
	....	....	....
	....	....	....
		....	
	belonend en consequent aandacht geven	aandachtig en consequent belonen	aandachtig en belonend consequent zijn
Basisbehoefte	**LIEFDE**	**EIGENWAARDE**	**VERTROUWEN**

PRAKTIJKBLAD IVa

Vul de antwoorden op onderstaande vragen ook in in het schema op praktijkblad IVb op de pagina hiernaast. Je omcirkelt steeds het antwoord, dat voor jou zou gelden. De andere antwoorden streep je weg.

I Als ik iemand een kado aanbied ('positief' gedrag) en het wordt hartelijk in ontvangst genomen (beloond), voel ik me *bemoedigd / onbegrepen / afgewezen.*

II Als ik iemand een kado aanbied ('positief' gedrag) en het wordt zonder enige reactie aangenomen, geopend en weggezet (genegeerd), voel ik me *bemoedigd / onbegrepen / afgewezen.*

III Als ik iemand een kado aanbied ('positief' gedrag) en het wordt in de vuilnisbak gegooid, waarna ik weg word gestuurd (bestraft), voel ik me *bemoedigd / onbegrepen / afgewezen.*

IV Als ik iemand een pijnlijk harde schop tegen een been geef ('negatief' gedrag) en vervolgens word ik door dezelfde persoon uitgenodigd, om samen lekker uit eten te gaan (beloond), voel ik me *bemoedigd / vertwijfeld / ontkracht.*

V Als ik iemand een pijnlijk harde schop tegen een been geef ('negatief' gedrag) en vervolgens loopt dezelfde persoon weg zonder iets te zeggen of doen (genegeerd), voel ik me *bemoedigd / vertwijfeld / ontkracht.*

VI Als ik iemand een pijnlijk harde schop tegen een been geef ('negatief' gedrag) en vervolgens krijg ik een stevige vuist terug (bestraft), voel ik me *bemoedigd / vertwijfeld / ontkracht.*

Bijlage bij hoofdstuk 5, pagina 27

PRAKTIJKBLAD IVb

Gedrag	Belonen	Negeren	Bestraffen
Het kind krijgt...	**aandacht**	**beloning**	**consequentheid**
'Positief'	**I** Ik voel me: *bemoedigd* *ontmoedigd* *afgewezen*	**II** Ik voel me: *bemoedigd* *ontmoedigd* *afgewezen*	**III** Ik voel me: *bemoedigd* *ontmoedigd* *afgewezen*
'Negatief'	**IV** Ik voel me: *bemoedigd* *vertwijfeld* *ontkracht*	**V** Ik voel me: *bemoedigd* *vertwijfeld* *ontkracht*	**VI** Ik voel me: *bemoedigd* *vertwijfeld* *ontkracht*

(Kopieer dit blad 5x, zodat er ruimte is voor meerdere manieren om gedrag te omschrijven)

Het kind...
(op onderstaande puntjes omschrijf je het gewenste of ongewenste gedrag)

.... + / -

.... + / -

.... + / -

.... + / -

.... + / -

(Bijv. praat door andere mensen heen; rent vaak door de kamer; zit stil in een hoekje; pest andere kinderen; ruimt netjes de tafel af; gaat uit zichzelf huiswerk maken;is eerlijk en openhartig over belevenissen; etc.)

Ik reageer daar normaalgesproken op door...
(op de puntjes omschrijf je jouw reactie op het gedrag van het kind)

.... + / 0 / -

.... + / 0 / -

.... + / 0 / -

.... + / 0 / -

.... + / 0 / -

(Bijv. te luisteren wat hij of zij te zeggen heeft; te zeggen dat het kind zijn of haar mond moet houden; uit te leggen, dat ik zo tijd voor hem of haar heb; te doen alsof ik hem of haar niet hoor; te doen of ik het niet in de gaten heb; me met iets of iemand anders bezig te houden; etc.)

Bijlage bij hoofdstuk 5, pagina 31/32 PRAKTIJKBLAD Vb

(Kopieer dit blad 5x, zodat er ruimte is om per gedraging tot een antwoord te komen)

	Belonen (+)	Negeren (0)	Bestraffen (-)
'Positief' gedrag (+)	I	II	III
'Negatief' gedrag (-)	IV	V	VI

Als het gedrag van het kind volgens jou 'positief' is, kom je in het schema uit bij **I**, **II** of **III** en streep je **IV**, **V** en **VI** in het schema weg.

Als het gedrag van het kind volgens jou 'negatief' is, kom je in het schema uit bij **IV**, **V** of **VI** en streep je **I**, **II** en **III** in het schema weg.

Als jouw reactie op het gedrag van het kind volgens jou een vorm van belonen is, kom je in het schema uit bij **I** of **IV** en streep je de rest weg.

Als jouw reactie op het gedrag van het kind volgens jou een vorm van negeren is, kom je in het schema uit bij **II** of **V** en streep je de rest weg.

Als jouw reactie op het gedrag van het kind volgens jou een vorm van bestraffen is, kom je in het schema uit bij **III** of **VI** en streep je de rest weg.

Check op pagina 32 of de beschrijving bij **I**, **IV** of **V** klopt bij jouw opvoedsituatie.

(Kopieer dit blad 5x, zodat er ruimte is voor meerdere regels en consequenties)

Als dit kopieerblad straks volledig is ingevuld, hang de volgende pagina dan zichtbaar op. Kruis op een vast tijdstip met het kind steeds een hokje aan (of plak een sticker) als het is gelukt, om zich aan een regel te houden. Voor iedere week gebruik je een nieuw schema.

Neem nu eerst praktijkblad II uit hoofdstuk 1 erbij. Je hebt nu de keuze uit 5 regels. Begin met die regel, die volgens jou het vaakst wordt overtreden. Noteer die hieronder.

Regel: ....

....

'Positieve' consequentie: ....

....

(Bijv. 's middags en/of 's avonds zelf tanden mogen poetsen, 's middags en/of 's avonds plaats aan tafel kiezen, bij het winkelen de kar mogen duwen, een uur computerspelletjes mogen doen, een bepaald programma of überhaupt TV mogen kijken, in het weekend langer op mogen blijven, naar een bepaald feestje mogen, etc.)

Periode waarin het kind zich aan de regel houdt, voordat consequentie volgt :

....

(Bijv. een ochtend, een middag, tijdens of voorafgaand aan een maaltijd, een hele dag, voor oudere kinderen hooguit een week en liefst ook per dag)

Tijdstip of moment waarop de consequentie volgt:

....

(Bijv. 'tussen de middag', 's avonds voor of na het eten, voor of bij het slapen gaan, in het weekend, datum waarop voor het kind bepaalde gebeurtenis plaatsvindt, etc.)

Als .... (naam kind) .... (periode)

.... (regel),

mag het .... (tijdstip/moment) .... (consequentie)

Maandag	Dinsdag	Woensdag	Donderdag	Vrijdag	Zaterdag	Zondag
X	X	X	X	X	X	X

Persoonlijke aantekeningen